Königs Erläuterungen Spezial

Erläuterungen zu

Lyrik der Klassik

von Gudrun Blecken

Bange Verlag

Für Philipp

Hinweis:
Die Rechtschreibung wurde der amtlichen Neuregelung angepasst.

1. Auflage 2009
ISBN: 978-3-8044-3023-5

Lektorat: Dr. Oliver Pfohlmann, Bamberg
Titelabbildung: Gingko-Blatt, Urpflanze © www.goethezeitportal.de
Druck und Weiterverarbeitung: Tiskárna Akcent, Vimperk

Vorwort

Der vorliegende Band *Lyrik der Klassik* aus der Reihe *Königs Lyrikinterpretationen* will mit übersichtlichen und auf das Wesentliche konzentrierten Hinweisen in die literarische Epoche einführen und Wege für eine tiefer gehende Beschäftigung eröffnen.

Der erste Teil des Buches präsentiert allgemeine Informationen zur Epoche wie die Begriffsklärung, die Erhellung des zeitgeschichtlichen und geistesgeschichtlichen Hintergrunds und die Vorstellung der charakteristischen Themen und der die Epoche prägenden Autorinnen und Autoren. Er schließt mit einem „Epochenblatt" ab, das im Kern alle Basisinformationen enthält und beispielsweise als Kopiervorlage für den Unterricht eingesetzt werden kann.

Der zweite und umfangreichere Teil des Buches beschreibt die prominenten Dichter der Epoche anhand exemplarischer lyrischer Texte. Die erarbeiteten Deutungen der Texte orientieren sich an textimmanenten und biografisch-historischen Interpretationsansätzen. Dabei sind die Deutungen der Gedichte grundsätzlich als Vorschläge und keinesfalls als feststehende Bedeutungszuschreibungen aufzufassen, was dem grundsätzlich mehrdeutigen Charakter literarischer Texte zuwiderlaufen würde. Ein Glossar rundet das Angebot ab.

Das Buch eignet sich für Schülerinnen und Schüler, die sich intensiv auf die jeweilige Epoche oder ganz allgemein das Unterrichtsthema „Gedichtinterpretation" vorbereiten wollen. Für Lehrerinnen und Lehrer soll es Unterrichtsanregungen bieten, gleichzeitig stellt die Auswahl von Gedichten einen möglichen Vorrat für Klassenarbeiten dar.

I. Die Klassik (1786–1805)

1. Begriffsklärung/Zeitspanne

Das lateinische Wort „classicus" bezeichnete im römischen Reich einen Steuerzahler, der zur ersten Steuerklasse gehörte und damit im Sinne der Staatskasse der „beste" Bürger war (*civis classicus*). Daraus leitet sich der übertragene Sinn ab, der etwas materiell oder geistig Hervorragendes, etwas Bevorzugtes, Mustergültiges meint. Das *Deutsche Wörterbuch* von Jacob und Wilhelm Grimm verzeichnet unter dem Eintrag „Klassisch" folgende Bedeutungen:

> *„a) ‚klassisch' nannte man anfangs nur die mustergültigen Dichter und Schriftsteller des römischen und griechischen Altertums, ebenso alles was sich auf sie oder auf die alte Kunst oder auch auf die ‚Alten' überhaupt bezieht (...);*
> *b) der Begriff hat sich (...) erweitert in ‚mustergültig überhaupt', ‚künstlerisch vollkommen', ‚zum Vorbild tauglich' (...);*
> *c) auch auf ganz andere Gebiete wird es bezogen; wie Italien das klassische Land der Kunst heißt, so nennt man, dies nachahmend, z. B. Spanien das klassische Land der Romantik (...);*
> *d) in der Kunstwelt braucht man ‚klassisch' als Gegensatz von ‚romantisch' oder auch von ‚naturalistisch'."*[1]

Klassik bezeichnet also sowohl die **Kunst der griechischen und römischen Antike** (in Griechenland das Zeitalter des Perikles, in Rom das Zeitalter des Augustus) als auch generell **etwas Mustergültiges**, **Vorbildhaftes**, das Bestandteil des literarischen Kanons ist.

Darüber hinaus bezeichnet der Begriff den Höhepunkt einer Nationalkultur, der von mustergültigen Künstlern geprägt wurde, z. B. in England die Zeit William Shakespeares (1564–1616),

1 Grimm, Bd. 11, Sp. 1006 f.

Höhepunkte einer Nationalliteratur

in Spanien die Zeit von Pedro Calderón de la Barca (1600–1681) und Miguel de Cervantes (1547–1616), in Frankreich die Zeit von Pierre Corneille (1606–1684) und Jean Racine (1639–1699) und in Deutschland die Zeit Johann Wolfgang von Goethes (1749–1832) und Friedrich Schillers (1759–1805). Typisch für nationale Blütezeiten der Kunst ist, dass sie sich meist um einen Fürstenhof bildeten wie den englischen Königshof Elisabeths I., den Hof der Medici in Florenz oder eben den Weimarer „Musenhof".

Goethe und Schiller selbst bezeichneten mit dem Begriff „klassisch" vor allem einen bestimmten Stil der antiken Kunst. Dieser **Stil ist harmonisch, maßvoll, mustergültig.** Es gab kein klassisches Epochenbewusstsein in dem Sinne, dass sich die Weimarer Dichter selbst bereits als „Klassiker" verstanden hätten. Vielmehr sprach die deutsche Literaturgeschichte erstmals erst in den 1830er Jahren von einer deutschen „Klassik". Literaturhistoriker wie Georg Gottfried Gervinus (1805–1871) in seiner *Geschichte der poetischen National-Literatur in Deutschland* (1835–1840) oder Heinrich Laube (1806–1884) in seiner *Geschichte der deutschen Literatur* (1839–1840) bezeichneten mit diesem Begriff die Werke von Gotthold Ephraim Lessing (1729–1781), Goethe und Schiller.

Die heutige Literaturgeschichte grenzt die deutsche Klassik örtlich auf die sächsische Residenzstadt Weimar („Weimarer Klassik") und zeitlich auf die **Spanne von Goethes Italien-Reise (1786–1788) bis zu Schillers Tod (1805)** ein: Goethes Aufenthalt in Italien signalisierte seinen bereits gewonnenen Abstand von der Gefühlsschwärmerei seiner Sturm-und-Drang-Jahre und seine Rückbesinnung auf die Antike. An den verschiedenen Fassungen seines Stücks *Iphigenie auf Tauris* (Prosafassung 1779, Blankversfassung 1780, Fassung in Jamben 1786) lässt sich Goethes Wendung hin zu einem harmonischen, eben „klassischen" Stil gut verfolgen. Der Tod Schillers im Jahr 1805 beendete die fruchtbare Zusammenarbeit der beiden Weimarer „Olympier". Begonnen hatte sie mit ihrem denkwürdigen **Gespräch am 20. Juli 1794** über die Metamorphose der Pflanzen und die „Urpflanze" im Anschluss an eine Tagung der Naturforschenden Gesellschaft in Jena. Doch auch das nach Schillers Tod entstandene Spätwerk Goethes enthält natürlich klassisches Gedankengut (z. B. *Wilhelm Meisters Wanderjahre,* 1821/1829, *Faust II,* 1833). Wichtige Beiträge zum Literatur- und Kunstverständnis der Klassik leisteten darüber hinaus der Archäologe und Kunsthistoriker **Johann Joachim Winckelmann** (1717–1768), Karl Philipp Moritz (1756–1793), der den ersten psychologischen Roman der deutschen Literaturgeschichte (*Anton Reiser,* 1785–1790) schrieb, sowie der Sprachforscher, Philosoph und spätere Schulreformer Wilhelm von Humboldt (1767–1835). In einer weiter gefassten Epochenbestimmung lassen sich zumindest teilweise auch die Werke von **Friedrich Hölderlin** (1770–1843), Jean Paul (1763–1825) und Heinrich von Kleist (1777–1811) zur deutschen Klassik rechnen, obwohl alle drei Dichter bei den Weimarern auf Ablehnung stießen.

Ziele der deutschen Klassik

Als Ziele der deutschen Klassik lassen sich sehr plakativ formulieren:

- Die Dichter wollen **Allgemeingültiges, Vorbildhaftes** poetisch gestalten.
- Das Symbol wird zum Ausdruck der Welterfassung.
- Innere Ruhe und **Ausgeglichenheit** sind die Merkmale der idealen Persönlichkeit, in der Verstand und Sinnlichkeit/Leidenschaft zu einem höheren Ganzen vereint sind.
- Die Ideale der **Humanität, Sittlichkeit** und **Harmonie** bestimmen das klassische Welt- und Menschenbild.
- Als Transportmittel für diese Ideale dient die **Literatur**; am Beispiel vorbildhafter Charaktere wie Goethes Iphigenie soll der Mensch ästhetisch erzogen, sollen ihm Humanität und Sittlichkeit nahegebracht werden.

2. Zeitgeschichtlicher Hintergrund

Revolution, Kriege und Restauration

Die genannten Ideale der Weimarer Dichter wie innere Ruhe, Harmonie, Ausgewogenheit, Maß und Humanität lassen sich als eine Reaktion auf die zeitgeschichtlichen Veränderungen jener Umbruchsepoche um 1800 verstehen, die von Revolution, Kriegen und Restauration bestimmt war. Gegen Ende des 18. Jahrhunderts bestand das Deutsche Reich aus über 300 einzelnen, überwiegend souveränen Staaten. Die größten Einzelstaaten waren Österreich und Preußen, bei den übrigen Staaten handelte es meist um kleinere Fürstentümer und Miniatur-Monarchien. Ein solches Miniatur-Fürstentum war auch das **Herzogtum Weimar**, das Zentrum der deutschen Klassik: Das „Mitteldding zwischen Dorf und Stadt" (Herder) hatte vor 1800 wenig mehr als 6000 Einwohner, stieg jedoch durch die Anstrengungen der Herzogin Anna Amalia (1739–1807) sowie ihres Sohnes Karl August (1757–1828) zu einem Kulturzentrum von europäischem Rang auf.

Der Verbund der deutschen Kleinstaaten wurde durch den in Wien residierenden Kaiser des **Heiligen Römischen Reiches Deutscher Nation** lose zusammengehalten. Es herrschte die zentralistische Staatsauffassung des Absolutismus vor, die aber zunehmend durch Ideen der aufklärerischen Staats- und Gesellschaftslehre geprägt wurde. In Preußen regierte bis 1786 Friedrich der Große und setzte eine Fülle von Reformen um: Trotz der in Preußen nach wie vor bestehenden Leibeigenschaft der Bauern – rund zwei Drittel der Bevölkerung der ständisch organisierten Agrargesellschaft Deutschlands waren Bauern, die zumeist in Leibeigenschaft lebten – verstand sich der Monarch als erster Diener des Staates. Durch seine Tätigkeit als **Weimarer Staatsbeamter** nach 1776 wuchs Goethes Überzeugung, dass in einem Staat jedes Element seine ihm zugewiesene Aufgabe für das Gesamtwesen habe. Das Staatswohl ist abhängig vom Engagement aller Elemente, eine Voraussetzung dafür ist Bildung – in dieser Auffassung verbinden sich aufgeklärte Staatsphilosophie und klassisches Bildungsideal.

„Freiheit, Gleichheit, Brüderlichkeit"

Der entscheidende Funke für die Entwicklungen im Deutschen Reich ging von der **Französischen Revolution** 1789 aus, und zwar in philosophischer wie in politischer Richtung: Die Ideen der Französischen Revolution – Freiheit, Gleichheit, Brüderlichkeit (franz. *liberté, égalité, fraternité*) – und die Kriege zwischen dem revolutionären Frankreich und den europäischen Monarchien bewirkten, dass das politische Denken breiter Bevölkerungsschichten zunehmend vom **Ideal der nationalen Einheit** und von der **Verwirklichung liberaler und demokratischer Bestrebungen** geprägt war.
Die Französische Revolution griff Bestimmungen der amerikanischen Unabhängigkeitserklärung von 1776 auf und formulierte sie als Forderungen nach allgemeinen, unveräußerlichen **Menschen- und Bürgerrechten**. In der Folgezeit, während der Herrschaft Napoleons (1769–1821), wurden daraus weitergehende Rechte wie Volkssouveränität, Gewaltenteilung oder Gewerbe- und Koalitionsfreiheit abgeleitet. Diese Rechte stellen letztlich die Voraussetzung für die Entwicklung einer offenen, pluralistischen, demokratisch-liberal verfassten Gesellschaft dar (zu der es freilich noch ein langer Weg war).
Die genannten Ideale und Ideen der amerikanischen Unabhängigkeitserklärung und der Französischen Revolution stießen zunächst bei vielen deutschen Intellektuellen auf enthusiastische Resonanz: Friedrich Schlegel (1772–1829), der theoretische Kopf der Jenaer Frühromantiker, entwarf eine Art Ideal-Republikanismus, der Publizist Joseph Görres (1776–1848) sah die Revolution als ein Zwischenstadium auf dem Weg zur Realisierung eines herrschafts- und gewaltfreien Zustandes an. Die anfängliche Begeisterung führte angesichts von Massenhinrichtungen in Paris

und angesichts der darauf folgenden Diktatur Napoleons schon bald zu einer eher pragmatisch-gemäßigten Haltung unter den deutschen Intellektuellen: Die demokratischen Ideen sollten demnach in einer konstitutionellen Monarchie zumindest ansatzweise realisiert werden.

Die **Reaktion der Weimarer Klassiker auf die Ereignisse in Frankreich** war von Ablehnung geprägt. Zwar sympathisierte auch Schiller zunächst mit den Zielen der Revolution und wurde 1792 sogar von der französischen Nationalversammlung ehrenhalber zum „Bürger von Frankreich" ernannt. Die Gewaltexzesse ließen ihn jedoch bald auf Distanz gehen; der Mensch bzw. das „Volk" war, wie die Ereignisse für **Schiller** bewiesen, noch nicht so weit, um mit den neuen Freiheiten umgehen zu können. Auch die Weimarer, die ja von einem Fürstenhof abhängig waren, waren für gesellschaftliche Veränderungen, doch sollten diese allmählich und ohne politische Umstürze stattfinden.

die Kunst als Revolutionsersatz

In seiner Schrift *Über die ästhetische Erziehung des Menschen* (1795) nimmt Schiller schließlich die klassische Position ein, die nicht die Philosophie, Theologie oder Politik, sondern alleine die Kunst bzw. die ästhetische Bildung als diejenige Instanz bestimmt, die den Menschen erst auf den Zustand gesellschaftlicher Freiheit vorbereiten kann. Der Gegensatz zwischen der rationalen und der sinnlich-emotionalen Seite des Menschen, der für die Weimarer für die Gewalt und politische Unreife verantwortlich war, sollte durch die Kunst überwunden werden.

Goethe, der den Weimarer Herzog Karl August 1792 auf einem (gescheiterten) Feldzug der Koalition gegen das revolutionäre Frankreich begleitete und am 20. September die Kanonade von Valmy (die den Sieg der französischen Revolutionsarmee einleitete) als welthistorische Zäsur erlebte, empfand von Anfang an eine tiefe **Abneigung gegen die Revolution**. 1824 bekannte er im Rückblick seinem Vertrauten Johann Peter Eckermann (1792–1854):

„Es ist wahr, ich konnte kein Freund der Französischen Revolution sein, denn ihre Gräuel standen mir zu nahe und empörten mich täglich und stündlich, während ihre wohltätigen Folgen damals noch nicht zu ersehen waren. Auch konnte ich nicht gleichgültig dabei sein, dass man in Deutschland künstlicherweise *ähnliche Szenen herbeizuführen trachtete, die in Frankreich Folge einer großen Notwendigkeit waren.*
Ebenso wenig aber war ich ein Freund herrischer Willkür. Auch war ich vollkommen überzeugt, dass irgendeine große Revolution nie Schuld des Volkes ist, sondern der Regierung. Revolutionen sind ganz unmöglich, sobald die Regierungen fortwährend gerecht und fortwährend wach sind, sodass sie ihnen durch zeitgemäße Verbesserungen entgegenkommen und sich nicht zu lange sträuben, bis das Notwendige von unten her erzwungen wird.
Weil ich nun aber die Revolutionen hasste, so nannte man mich einen Freund des Bestehenden. *Das ist aber ein sehr zweideutiger Titel, den ich mir verbitten möchte. Wenn das Bestehende alles vortrefflich, gut und gerecht wäre, so hätte ich gar nichts dawider. Da aber neben vielem Guten zugleich viel Schlechtes, Ungerechtes und Unvollkommenes besteht, so heißt ein Freund des Bestehenden oft nicht viel weniger als ein Freund des Veralteten und Schlechten.*
Die Zeit aber ist in ewigem Fortschreiten begriffen, und die menschlichen Dinge haben alle fünfzig Jahre eine andere Gestalt, sodass eine Einrichtung, die im Jahre 1800 eine Vollkommenheit war, schon im Jahre 1850 vielleicht ein Gebrechen ist.
Und wiederum ist für eine Nation nur das gut, was aus ihrem eigenen Kern und ihrem eigenen allgemeinen Bedürfnis hervorgegangen, ohne Nachäffung einer anderen. Denn was dem einen Volk auf einer gewissen Altersstufe eine wohltätige Nahrung sein kann, erweist sich vielleicht für ein anderes als ein Gift.“[2]

2 Eckermann, S. 510 f.

Die miteinander verbündeten Monarchen des *Heiligen Römischen Reiches Deutscher Nation* führten bis 1795 zahlreiche Kriege gegen das revolutionäre Frankreich, die sie allesamt verloren. Dabei erkannten sie nicht, welche politische Sprengkraft die liberalen Ideen hatten, von denen die Revolution anfänglich getrieben war. Nach **Napoleons Staatsstreich 1799** gelang es dem Korsen bald, die ohnehin nur noch nominelle Einheit des Deutschen Reiches zu zerstören: Nach der Gründung des (von Frankreich abhängigen) **Rheinbundes** im Jahr 1806 als Nachfolgeorganisation süd- und westdeutscher Staaten musste Franz II. (1768–1835) in Wien die Kaiserkrone niederlegen.

Rheinbund und Code civil

Die Auflösung des seit mehr als 800 Jahren bestehenden *Heiligen Römischen Reiches Deutscher Nation* bedeutete eine markante historische Zäsur. Nicht zuletzt juristisch: In den Rheinbundstaaten galt fortan der fortschrittliche **Code Napoléon** (auch Code civil genannt). In diesem bürgerlichen Gesetzbuch Frankreichs wurden die Menschen- und Bürgerrechte festgeschrieben, ebenso die Unverletzlichkeit des Eigentums. Die Gewerbefreiheit wurde erlaubt und die Leibeigenschaft verboten (bis dahin waren zwei Drittel der Bevölkerung der ständisch organisierten Agrargesellschaft in Deutschland Bauern, die zumeist in Leibeigenschaft lebten). Für die Entwicklung von Handel und Wirtschaft hatte dies eine große Bedeutung. Nach der **Niederlage Preußens 1807** gegen Frankreich (Schlacht bei Jena und Auerstedt) wurde dieses fortschrittliche Rechtssystem auch in Preußen eingeführt: Zusammen mit der 1810/1812 beschlossenen Schul- und Bildungsreform löste der Code civil das absolutistische Gesellschaftssystem ab und ebnete den Weg zu einer bürgerlichen Gesellschaft, in der es statt überkommener (Adels-)Privilegien auf eigene Leistungen ankam.

Der gescheiterte Russlandfeldzug Napoleons, die Niederlage der „Großen Armee" 1812 war das Signal für die anderen europäischen Staaten, sich gegen Frankreich zu erheben. Während der von nationaler Begeisterung getragenen Befreiungskriege (1813–1815) wurde Napoleon zurückgedrängt und in der Völkerschlacht bei Leipzig 1813 besiegt. Napoleons Versuch, an die Macht zurückzukehren, die „Herrschaft der Hundert Tage" von März bis Juni 1815, wurde durch seine Niederlage bei Waterloo beendet.

Restauration

Die europäischen Fürstenhäuser verfolgten nach ihrem Sieg über Frankreich das Ziel, die **alte feudale Ordnung wiederherzustellen**: Russland, Österreich und Preußen bildeten zusammen mit anderen europäischen Regierungen eine **„Heilige Allianz"**, die die Restaurationspolitik durchsetzen und jede freiheitlich-demokratische Bestrebung unterbinden sollte. Auf dem **Wiener Kongress 1815**, auf dem die siegreichen europäischen Großmächte eine Nachkriegsordnung für Europa beschlossen, trafen sich auch die nach dem Ende des *Heiligen Römischen Reiches Deutscher Nation* unter die Herrschaft Frankreichs geratenen deutschen Staaten. Diese schlossen sich nun zu einem neuen Staatenbund, dem *Deutschen Bund*, zusammen. Der österreichische Staatskanzler Klemens von Metternich (1773–1859) vereinbarte mit dem preußischen Minister Karl August von Hardenberg (1750–1822), dass das monarchische Prinzip für alle Staaten im Staatenbund zu gelten hatte.

unerfüllter Wunsch nach nationaler Einheit

Der in der Bevölkerung verbreitete Wunsch, die nationale Einheit in einem gemeinsamen deutschen Staat zu realisieren, wurde demnach nicht erfüllt. Vielmehr wurden diejenigen, die nationale und liberale Bestrebungen hatten, verfolgt. Als Instrument der Verfolgung liberaler, anti-feudaler und nationaler Tendenzen dienten die **Karlsbader Beschlüsse**, die 1819 nach der Ermordung des Dichters August von Kotzebue (1761–1819) durch den radikalen Studenten und Burschenschafter Karl Ludwig Sand (1795–1820) erlassen wurden. Mit diesen Beschlüssen wurden die (national gesinnten) Burschenschaften verboten. Außerdem wurde eine strenge **Zensur** eingeführt, mit der in der Folge auch (spät-)romantische Dichter wie Heinrich Heine oder E. T. A. Hoffmann (1776–1822) unliebsame Bekanntschaft machten. Die Obrigkeit reagierte auf liberale Bestrebungen mit unnachgiebiger Verfolgung. Fortschrittlich denkende Hochschullehrer, Dichter oder Theologen gerieten ins Visier der staatlichen Behörden. Die Karlsbader Bestimmungen wurden erst 1848 im Zuge der Märzrevolution abgeschafft.

3. Geistesgeschichtlicher Hintergrund und Literaturtheorie

Zu den geistesgeschichtlichen **Strömungen**, die die Klassik vorbereiteten, gehören:

- der Rationalismus der Aufklärung
- die Innerlichkeit des Pietismus/der Empfindsamkeit
- der Durchbruch des Irrationalen (Gefühlskultur) im Sturm und Drang

Suche nach der verloren gegangenen Einheit

Die Klassik grenzte sich gegen alle drei Strömungen ab, da sie deren jeweilige **Einseitigkeit** – die Fixierung allein auf den Verstand bzw. das Gefühl – kritisierte. Die Klassik wollte die **Gegensätze verbinden bzw. überwinden;** Extreme sollten vermieden werden. Sie strebte das Ideal eines Menschen an, der in sich ruhte, in dem die Gegensätze und Leidenschaften gebändigt waren, der sittlich gereift und dessen „Herz" und „Verstand" gleichermaßen gebildet waren. Beispiele für solch **vorbildliche Menschen** führten die Weimarer Dichter in ihren Werken an (z. B. Iphigenie, Maria Stuart).

> *„Die gemeinsame Intention von Klassik und Romantik war die Suche nach der verloren gegangenen Einheit des Menschen, die durch die differenzierende Kultur und die Befreiung von alten Traditionen nicht mehr gegeben war."*[3]

Zeitgenössische Dichter mit alternativen Literaturkonzeptionen und Menschenbildern – man denke nur an die von ihren Leidenschaften überwältigten Figuren Heinrich von Kleists – lehnten Goethe und Schiller daher ab. Dies wird z. B. an Schillers Rezension der Gedichte Gottfried August Bürgers (1747–1794) deutlich (vgl. S. 28).

3 Borries; Borries, S. 20 f.

Die wesentlichen Elemente der deutschen Klassik waren:

- Orientierung an der Antike (Winckelmann)
- Subjektivismus und Sittlichkeit des deutschen Idealismus (v. a. Kant)
- das klassische Humanitätsideal
- das klassische Kunstideal

Orientierung an der Antike

Im Herbst 1786 brach Goethe heimlich und unter falschem Namen nach Italien zu einer Bildungs- und Erholungsreise auf. Von seinem Weimarer Umfeld hatte er sich nicht verabschiedet, da er befürchtete, man könnte ihn von seinem Vorhaben abzuhalten versuchen. In seinen Reiseaufzeichnungen, die er 1813/14 überarbeitete und publizierte, reflektiert Goethe die Gründe für seinen abrupten Aufbruch sowie die für sein späteres Schaffen prägenden Erfahrungen in seinem „Arkadien". In der Eintragung vom 1. November 1786 beschreibt Goethe den **Gegensatz zwischen dem Norden und dem Süden**: Er fühle sich im Norden zurückgehalten, während seine Sehnsucht ihn in den Süden, nach Italien dränge: „Die Begierde, dieses Land zu sehen, war überreif" (Z. 14 f.). Schon zu dieser frühen Phase seiner Reise spricht er vom lebenslangen Ertrag, den er sich von den neuen Erfahrungen mit der antiken Kunst erhofft. Der Dichter wünscht sich, „dass sie mir und andern durchs ganze Leben zur Leitung und Förderniss dienen sollen" (Z. 19 f.).

Goethes Sehnsucht nach Italien

„Rom, den 1. November 1786.

Endlich kann ich den Mund auftun und meine Freunde mit Frohsinn begrüßen. Verziehen sei mir das Geheimnis und die gleichsam unterirdische Reise hierher. Kaum wagte ich mir selbst zu sagen, wohin ich ging, selbst unterwegs fürchtete ich noch, und nur unter der Porta del Popolo[4] war ich mir gewiss, Rom zu haben.

Und lasst mich nun auch sagen, dass ich tausendmal, ja beständig eurer gedenke in der Nähe der Gegenstände, die ich allein zu sehen niemals glaubte. Nur da ich jedermann mit Leib und Seele in Norden gefesselt, alle Anmutung nach diesen Gegenden verschwunden sah, konnte ich mich entschließen, einen langen, einsamen Weg zu machen und den Mittelpunkt zu suchen, nach dem mich ein unwiderstehliches Bedürfnis hinzog. Ja, die letzten Jahre wurde es eine Art von Krankheit, von der mich nur der Anblick und die Gegenwart heilen konnte. Jetzt darf ich es gestehen; zuletzt durft' ich kein lateinisch Buch mehr ansehen, keine Zeichnung einer italienischen Gegend. Die Begierde, dieses Land zu sehen, war überreif: Da sie befriedigt ist, werden mir Freunde und Vaterland erst wieder recht aus dem Grunde lieb und die Rückkehr wünschenswert, ja um desto wünschenswerter, da ich mit Sicherheit empfinde, dass ich so viele Schätze nicht zu eignem Besitz und Privatgebrauch mitbringe, sondern dass sie mir und andern durchs ganze Leben zur Leitung und Fördernis dienen sollen.“[5]

Die Rezeption der antiken Kunst begann jedoch nicht erst mit Goethes Italienreise. Schon Christoph Martin Wieland (1733–1813), der 1772 als Prinzenerzieher nach Weimar kam, bediente sich in seinen Werken antiker Stoffe und Figuren. Geweckt wurde die Sehnsucht nach dem alten Griechenland und dem alten Rom aber vor allem durch Schriften des **Kunsthistorikers**

4 Ein Tor in der Aurelianischen Mauer in Rom.

5 Goethe, *Italienische Reise*, S. 125.

Johann Joachim Winckelmann, die zu einer Neueinschätzung der Antike führten. Aus Winckelmanns epochaler Schrift *Gedanken über die Nachahmung der griechischen Werke in der Malerei und Bildhauerkunst* (1755) gewannen die Weimarer Dichter ihr Bild der griechischen Antike, das sowohl das Menschenbild als auch die Gattungsdiskussion der Klassik prägte. Winckelmann glaubte, anhand der erhalten gebliebenen antiken Werke der bildenden Kunst ein zeitloses Schönheitsideal gefunden zu haben. Als wichtigster Beleg galt ihm die **Laokoon-Gruppe**, eine 1506 in den Weinbergen Roms wiedergefundene antike Skulptur vom Todeskampf Laokoons und seiner Söhne[6]. Winckelmann kam zu dem Schluss, dass das Ideal des griechischen Menschen in Harmonie, Ausgewogenheit, Schönheit und gebändigten, geläuterten Leidenschaften bestanden habe. Dieses angebliche Schönheitsideal der Griechen drückte Winckelmann mit dem ursprünglich von dem Bildhauer Adam Friedrich Oeser (1717–1799) stammenden Ausdruck „edle Einfalt und stille Größe" (Z. 2 f.) aus. Diese Formel wurde zu einem zentralen Begriff der deutschen Klassik.[7]

> *„Das allgemeine vorzügliche Kennzeichen der griechischen Meisterstücke ist endlich eine edle Einfalt und eine stille Größe, sowohl in der Stellung als im Ausdrucke. So wie die Tiefe des Meers allezeit ruhig bleibt, die Oberfläche mag noch so wüten, ebenso zeigt der Ausdruck in den Figuren der Griechen bei allen Leidenschaften eine große und gesetzte Seele.*

6 In der griechischen Mythologie ein trojanischer Priester, der zusammen mit seinen beiden Söhnen von zwei Seeschlangen, die Poseidon schickte, trotz heftiger Gegenwehr erwürgt wird. Eine berühmte Plastik aus dem 1. Jahrhundert n. Chr., auf die Winckelmann sich bezieht, hält diesen Kampf fest.

7 Erst der Philosoph Friedrich Nietzsche (1844–1900) entdeckte neben dieser „apollinischen" Seite der griechischen Kunst auch eine dunkle, „dionysische". Im 20. Jahrhundert wurden Winkelmanns Vorstellungen vom griechischen Kunstideal endgültig durch archäologische Funde revidiert. Die 1972 gefundenen Bronzestatuen von Riace zeigen, dass auch Wildheit und Kraft Kennzeichen der antiken griechischen Kunst waren, nicht nur „edle Einfalt und stille Größe". Auch weiß man heute, dass die vermeintlich edel-weißen Statuen in der Antike bunt angemalt waren.

Diese Seele schildert sich in dem Gesichte des Laokoons, und nicht in dem Gesichte allein, bei dem heftigsten Leiden. Der Schmerz, welcher sich in allen Muskeln und Sehnen des Körpers entdeckt und den man ganz allein, ohne das Gesicht und andere Teile zu betrachten, an dem schmerzlich eingezogenen Unterleibe beinahe selbst zu empfinden glaubt; dieser Schmerz, sage ich, äußert sich dennoch mit keiner Wut in dem Gesichte und in der ganzen Stellung. Er erhebt kein schreckliches Geschrei, wie Vergil von seinem Laokoon singt: Die Öffnung des Mundes gestattet es nicht; es ist vielmehr ein ängstliches und beklemmtes Seufzen, wie es Sadoleto[8] *beschreibt. Der Schmerz des Körpers und die Größe der Seele sind durch den ganzen Bau der Figur mit gleicher Stärke ausgeteilt und gleichsam abgewogen. Laokoon leidet, aber er leidet wie des Sophokles Philoktet*[9]*: Sein Elend geht uns bis an die Seele; aber wir wünschten, wie dieser große Mann das Elend ertragen zu können.*

Der Ausdruck einer so großen Seele geht weit über die Bildung der schönen Natur: Der Künstler musste die Stärke des Geistes in sich selbst fühlen, welche er seinem Marmor einprägte. Griechenland hatte Künstler und Weltweisen in einer Person, und mehr als einen Metrodor[10]*. Die Weisheit reichte der Kunst die Hand und blies den Figuren derselben mehr als gemeine Seelen ein.*

Unter einem Gewande, welches der Künstler dem Laokoon als einem Priester hätte geben sollen, würde uns sein Schmerz nur halb so sinnlich gewesen sein. Bernini[11] *hat sogar den Anfang der Wirkung des Gifts der Schlange in dem einen Schenkel des Laokoons an der Erstarrung desselben entdecken wollen.*

---

8 Jacobo Sadoleto (1477–1547), humanistischer Gelehrter.

9 Philoktet war in der griechischen Mythologie ein berühmter Bogenschütze und Freund des Herkules, der von einer Schlange in den Fuß gebissen wird.

10 Ein griechischer Maler und Philosoph des 2. Jahrhundert v. Chr.

11 Gian Lorenzo Bernini (1598–1680), italienischer Künstler des Barock.

Alle Handlungen und Stellungen der griechischen Figuren, die mit diesem Charakter der Weisheit nicht bezeichnet, sondern gar zu feurig und zu wild waren, verfielen in einen Fehler, den die alten Künstler Parenthyrsis[12] *nannten.*
Je ruhiger der Stand des Körpers ist, desto geschickter ist er, den wahren Charakter der Seele zu schildern: In allen Stellungen, die von dem Stande der Ruhe zu sehr abweichen, befindet sich die Seele nicht in dem Zustande, der ihr der eigentlichste ist, sondern in einem gewaltsamen und erzwungenen Zustande. Kenntlicher und bezeichnender wird die Seele in heftigen Leidenschaften; groß aber und edel ist sie in dem Stande der Einheit, in dem Stande der Ruhe. Im Laokoon würde der Schmerz, allein gebildet, Parenthyrsis gewesen sein; der Künstler gab ihm daher, um das Bezeichnende und das Edle der Seele in eins zu vereinigen, eine Aktion, die dem Stande der Ruhe in solchem Schmerze der nächste war. Aber in dieser Ruhe muss die Seele durch Züge, die ihr und keiner andern Seele eigen sind, bezeichnet werden, um sie ruhig, aber zugleich wirksam, stille, aber nicht gleichgültig oder schläfrig zu bilden."[13]

Nachahmung

Der künstlerische Ausdruck einer vollkommenen Seele zeichnet sich nach Winckelmann auch unter Todesgefahr und Schmerz durch **Ruhe und Gelassenheit** aus (vgl. Z. 30 f.). Die Weimarer Dichter wollten diesen Idealen nachstreben und erhoben daher die Nachahmung, verstanden als Nachstreben und Nacheifern, zur wesentlichen Aufgabe der Kunst. So bestimmte Goethe in seinem Aufsatz über die *Einfache Nachahmung der Natur, Manier, Stil* (1789) die klassischen **Ideale der Ordnung, Vortrefflichkeit und Vollkommenheit** als Prinzipien einer ästhetischen Rezeption der Natur:

12 In der antiken Rhetorik übertriebenes, unpassendes Pathos.
13 Winckelmann, S. 20 f.

„Die einfache Nachahmung arbeitet also gleichsam im Vorhofe des Stils. Je treuer, sorgfältiger, reiner sie zu Werke geht, je ruhiger sie das, was sie erblickt, empfindet, je gelassener sie es nachahmt, je mehr sie sich dabei zu denken gewöhnt, das heißt, je mehr sie das Ähnliche zu vergleichen, das Unähnliche voneinander abzusondern und einzelne Gegenstände unter allgemeine Begriffe zu ordnen lernt, desto würdiger wird sie sich machen, die Schwelle des Heiligtums selbst zu betreten.

Wenn wir nun ferner die Manier betrachten, so sehen wir, dass sie im höchsten Sinne und in der reinsten Bedeutung des Worts ein Mittel zwischen der einfachen Nachahmung und dem Stil sein könne. Je mehr sie bei ihrer leichteren Methode sich der treuen Nachahmung nähert, je eifriger sie von der andern Seite das Charakteristische der Gegenstände zu ergreifen und fasslich auszudrücken sucht, je mehr sie beides durch eine reine, lebhafte, tätige Individualität verbindet, desto höher, größer und respektabler wird sie werden. Unterlässt ein solcher Künstler, sich an die Natur zu halten und an die Natur zu denken, so wird er sich immer mehr von der Grundfeste der Kunst entfernen, seine Manier wird immer leerer und unbedeutender werden, je weiter sie sich von der einfachen Nachahmung und von dem Stil entfernt.

Wir brauchen hier nicht zu wiederholen, dass wir das Wort Manier in einem hohen und respektablen Sinne nehmen, dass also die Künstler, deren Arbeiten nach unsrer Meinung in den Kreis der Manier fallen, sich über uns nicht zu beschweren haben. Es ist uns bloß angelegen, das Wort Stil in den höchsten Ehren zu halten, damit uns ein Ausdruck übrig bleibe, um den höchsten Grad zu bezeichnen, welchen die Kunst je erreicht hat und je erreichen kann. Diesen Grad auch nur zu erkennen, ist schon eine große Glückseligkeit, und davon sich mit Verständigen unterhalten, ein edles Vergnügen, das wir uns in der Folge zu verschaffen manche Gelegenheit finden werden."[14]

14 Goethe, *Einfache Nachahmung der Natur, Manier, Stil*, S. 33 f.

Karl Philipp Moritz, den Goethe 1786 in Italien kennen lernte, formulierte die gleiche Ansicht wie Goethe (vgl. dazu seine Schrift *Über die bildende Nachahmung des Schönen*, 1788). Moritz betonte aber auch die Ganzheit des Kunstwerks. Das Wesen des Kunstwerks basiert auf **Schönheit und Vollkommenheit**, nicht auf Nützlichkeit – diesen Gedanken formulierte Moritz zuerst in seiner Schrift *Versuch einer Vereinigung aller schönen Künste und Wissenschaften unter dem Begriff des ‚in sich selbst Vollendeten'* (1785) und später in seinem Aufsatz *Die Signatur des Schönen* (1788). Er bestimmt das Kunstwerk als **selbstgenügsam und zweckfrei** und erteilt damit den bis dahin üblichen rhetorischen oder pädagogischen Funktionalisierungen der Dichtung, wie sie in Barock und Aufklärung üblich waren, eine Absage. Moritz geht sogar noch weiter und wehrt sich gegen Versuche, Kunstwerke mit Worten analysieren zu wollen (vgl. Z. 6).

Zweckfreiheit und Autonomie der Kunst

Mit dieser Haltung bezieht Moritz eine kritische Position gegenüber Winckelmann, der seiner Ansicht nach „das Ganze dieses Kunstwerks" (Z. 8) durch seine Analyse zerstöre. Wenn man ein Werk beschreibe, so müsse die Beschreibung seiner **Ganzheit** gelten, nicht seiner einzelnen Bestandteile (vgl. Z. 20 f.):

> *„Wir kommen also wiederum auf den Punkt zurück, dass die Werke der bildenden Künste selbst schon die vollkommenste Beschreibung ihrer selbst sind, welche nicht noch einmal wieder beschrieben werden kann.*
>
> *Denn die Beschreibung durch Konturen ist ja an sich selbst schon bedeutender und bestimmter als jede Beschreibung durch Worte. Umrisse vereinigen, Worte können nur auseinander sondern; sie schneiden in die sanfteren Krümmungen der Konturen viel zu scharf ein, als dass diese nicht darunter leiden sollten.*
>
> *Winckelmanns Beschreibung vom Apollo im Belvedere zerreißt daher das Ganze dieses Kunstwerks, sobald sie unmittelbar darauf angewandt und nicht vielmehr als eine bloß poetische Be-*

schreibung des Apollo selbst betrachtet wird, die dem Kunstwerke gar nichts angeht.
Diese Beschreibung hat daher auch der Betrachtung dieses erhabenen Kunstwerks weit mehr geschadet als genutzt, weil sie den Blick vom Ganzen abgezogen und auf das Einzelne geheftet hat, welches doch bei der nähern Betrachtung immer mehr verschwinden und in das Ganze sich verlieren soll.
Auch macht die Winckelmannsche Beschreibung aus dem Apollo eine Komposition aus Bruchstücken, indem sie ihm eine Stirn des Jupiters, Augen der Juno, usw. zuschreibt, wodurch die Einheit der erhabnen Bildung entweihet und ihr wohltätiger Eindruck zerstört wird.
Ebenso unzweckmäßig, wie es nun sein würde, die Schönheiten eines Gedichts nach der Reihe zu beschreiben, statt das Gedicht selbst vorzulesen, oder den Gang einer vortrefflichen Musik, die man hören kann, mit Worten schildern zu wollen, ebenso vergeblich und zweckwidrig ist es auch, Kunstwerke, die man im Ganzen sehen kann, nach ihren einzelnen Teilen im eigentlichen Sinne zu beschreiben.
Wenn über Werke der bildenden Künste und überhaupt über Kunstwerke etwas Würdiges gesagt werden soll, so muss es keine bloße Beschreibung derselben nach ihren einzelnen Teilen sein, sondern es muss uns einen nähern Aufschluss über das Ganze und die Notwendigkeit seiner Teile geben.“[15]

Die prinzipielle Zweckfreiheit und Autonomie der Kunst gegenüber Religion oder Politik wurde auch von dem Königsberger Philosophen Immanuel Kant (1724–1804) betont. Nach Kants *Kritik der Urteilskraft* (1790) vollzieht sich die *ästhetische* Betrachtung eines Kunstwerks mittels eines „interesselosen Wohlgefallens“.

15 Moritz, S. 41 f.

Subjektivismus und Sittlichkeit des deutschen Idealismus (Kant)

guter Wille und kategorischer Imperativ

Kants Philosophie wurde für Goethe, mehr noch aber für Schiller wegweisend, der in seinem „Vernunftidealismus" Kants Gedanken verarbeitete. Neben Kants Erkenntnistheorie, die davon ausgeht, dass sich das Erkennen nicht nach den Objekten, vielmehr sich die erkannten Objekte nach den Verstandeskategorien des erkennenden Subjektes richten, war es Kants Moralphilosophie, die die Weimarer nachhaltig beeindruckte. Kants *Grundlegung zur Metaphysik der Sitten* (1785) beginnt mit den berühmten Worten:

> *„Es ist überall nichts in der Welt, ja überhaupt auch außer derselben zu denken möglich, was ohne Einschränkung für gut könnte gehalten werden, als allein ein* guter Wille.*"*[16]

Dieser Wille, das Gute zu tun, liegt nach Kant in jedem Menschen: Jeder Mensch ist frei, und jeder ist zum sittlichen Handeln aufgerufen bzw. verpflichtet, weshalb Kants Moralphilosophie auch als **Pflichtethik** bezeichnet wird. Zur Richtschnur für das gute Handeln wird dabei der „kategorische Imperativ":

> *„Der kategorische Imperativ ist also nur ein einziger, und zwar dieser:* Handle nur nach derjenigen Maxime, durch die du zugleich wollen kannst, dass sie ein allgemeines Gesetz werde."[17]

Für Kant kann daher nur jenes Handeln wahrhaft sittlich genannt werden, das allein durch die Pflicht bestimmt wird – und nicht durch äußere oder innere Einflüsse (Befehle, Motive, Triebe usw.). Schiller korrigierte Kants rigorose Pflichtethik teilweise, indem er die Möglichkeit einer **„schönen Seele"** entwarf, in der der Widerspruch zwischen Pflicht und Neigung aufgehoben ist (*Über Anmut und Würde,* 1793). Indem der Mensch seine

16 Kant, S. 18.
17 Ebenda, S. 51. (Hervorhebung im Original.)

Neigung (seine Lust, Begierden, Triebe usw.) überwindet, tritt seine **Erhabenheit** hervor (s. dazu Kap. 4 im ersten Teil dieser Erläuterung).

Das klassische Humanitätsideal

„Ästhetische Erziehung des Menschen"

Das klassische Humanitätsideal ist im Kern ein **Bildungsideal** nach antikem Vorbild, wie es in der Zeit um 1800 nicht nur von Goethe und Schiller vertreten wurde. Auch die preußische Schulreform Wilhelm von Humboldts (1767–1835) nach 1809 hatte als Ziel einen umfassend gebildeten Menschen, in dem sowohl geistige als auch sinnliche Kräfte möglichst harmonisch entwickelt werden. Für Schiller war es in erster Linie die Kunst (bzw. das Schöne), die Geistiges und Sinnliches im Menschen vereinen konnte. Ausführlich lässt er sich darüber in seiner Schrift *Über die ästhetische Erziehung des Menschen* (1795) aus. Der **Begriff des „Ästhetischen"** lässt sich dabei durch den Begriff des „Klassischen" ersetzen, da sowohl die Orientierung an der Antike als auch an als vorbildhaft anerkannten künstlerischen Gegenständen (bzw. Figuren) die Mittel der Erziehung ausmachen.
In *Über Anmut und Würde* stellt Schiller die Verbindung zur Kunst her: Die Wirkung der **„schönen Seele"** für das menschliche Leben wird von ihm im Hervortreten einer harmonischen, in sich ruhenden Gestalt erkannt, in der alle Widersprüche und Gegensätze überwunden oder zu einer höheren Einheit vereint sind:

> *„Eine schöne Seele nennt man es, wenn sich das sittliche Gefühl aller Empfindungen des Menschen endlich bis zu dem Grad versichert hat, dass es dem Affekt die Leitung des Willens ohne Scheu überlassen darf und nie Gefahr läuft, mit den Entscheidungen desselben im Widerspruch zu stehen. Daher sind bei einer schönen Seele die einzelnen Handlungen eigentlich nicht sittlich, sondern der ganze Charakter ist es. Man kann ihr auch keine einzige*

darunter zum Verdienst anrechnen, weil eine Befriedigung des Triebes nie verdienstlich heißen kann. Die schöne Seele hat kein andres Verdienst, als dass sie ist. Mit einer Leichtigkeit, als wenn bloß der Instinkt aus ihr handelte, übt sie der Menschheit peinlichste Pflichten aus, und das heldenmütigste Opfer, das sie dem Naturtriebe abgewinnt, fällt wie eine freiwillige Wirkung eben dieses Triebes in die Augen. Daher weiß sie selbst auch niemals um die Schönheit ihres Handelns, und es fällt ihr nicht mehr ein, dass man anders handeln und empfinden könnte; dagegen ein schulgerechter Zögling der Sittenregel, so wie das Wort des Meisters ihn fordert, jeden Augenblick bereit sein wird, vom Verhältnis seiner Handlungen zum Gesetz die strengste Rechnung abzulegen. Das Leben des letztern wird einer Zeichnung gleichen, worin man die Regel durch harte Striche angedeutet sieht und an der allenfalls ein Lehrling die Prinzipien der Kunst lernen könnte. Aber in einem schönen Leben sind, wie in einem Tizianischen Gemälde, alle jene schneidenden Grenzlinien verschwunden, und doch tritt die ganze Gestalt nur desto wahrer, lebendiger, harmonischer hervor. In einer schönen Seele ist es also, wo Sinnlichkeit und Vernunft, Pflicht und Neigung harmonieren, und Grazie ist ihr Ausdruck in der Erscheinung.“[18]

Das klassische Kunstideal

Schönheit definiert Schiller als „Freiheit in der Erscheinung“:

„Freiheit in der Erscheinung“

„Ein edler Geist begnügt sich nicht damit, selbst frei zu sein, er muss alles andere um sich her, auch das Leblose in Freiheit setzen. Schönheit aber ist der einzig mögliche Ausdruck der Freiheit in der Erscheinung.“[19]

Das klassische Kunstideal sieht seinen Gegenstand in der Darstellung der **Gesetzlichkeit des Lebens**. Die Mittel dafür sind

18 Schiller, *Über Anmut und Würde*, S. 468 f.
19 Schiller, *Über die ästhetische Erziehung des Menschen*, Fußnote 11.

Bändigung, Formung und Normung, die vollkommene, geschlossene Form und die Statik und Harmonie des in sich ruhenden, guten und schönen Menschen. Dieses idealistische Menschenbild wird dabei auf den Künstler übertragen: Denn nur ein reifer, harmonisch ausgebildeter Mensch ist imstande, vollkommene Kunstwerke zu erschaffen. In seiner Rezension *Über Bürgers Gedichte* (1791) drückt Schiller diesen Sachverhalt deutlich aus. Der Weimarer Dichter unterstreicht damit den hohen Anspruch der klassischen Kunst und grenzt sich gleichzeitig von den Autoren des Sturm und Drang wie eben **Gottfried August Bürger** (1747–1794) ab – zu denen Schiller wie auch Goethe in ihrer frühen Phase selbst zu zählen sind. Schillers Kritik an Bürger ist daher nicht zuletzt auch Selbstkritik bzw. Kritik an der eigenen früheren, jetzt überwundenen Position.

„Es ist also nicht genug, Empfindung mit erhöhten Farben zu schildern; man muss auch erhöht empfinden. Begeisterung allein ist nicht genug; man fordert die Begeisterung eines gebildeten Geistes. Alles, was der Dichter uns geben kann, ist seine Individualität. Diese muss es also wert sein, vor Welt und Nachwelt ausgestellt zu werden. Diese seine Individualität so sehr als möglich zu veredeln, zur reinsten herrlichsten Menschheit hinaufzuläutern, ist sein erstes und wichtigstes Geschäft, ehe er es unternehmen darf, die Vortrefflichen zu rühren. Der höchste Wert seines Gedichtes kann kein andrer sein, als dass es der reine vollendete Abdruck einer interessanten Gemütslage eines interessanten vollendeten Geistes ist. Nur ein solcher Geist soll sich uns in Kunstwerken ausprägen; er wird uns in seiner kleinsten Äußerung kenntlich sein, und umsonst wird, der es nicht ist, diesen wesentlichen Mangel durch Kunst zu verstecken suchen. Vom Ästhetischen gilt eben das, was vom Sittlichen; wie es hier der moralisch vortreffliche Charakter eines Menschen allein ist, der einer seiner einzelnen Handlungen den Stempel moralischer Güte aufdrücken kann, so ist es dort nur der reife, der vollkom-

> *mene Geist, von dem das Reife, das Vollkommene ausfließt. Kein noch so großes Talent kann dem einzelnen Kunstwerk verleihen, was dem Schöpfer desselben gebricht, und Mängel, die aus dieser Quelle entspringen, kann selbst die Feile nicht wegnehmen.“*[20]

Gottfried August Bürger hatte die Volkstümlichkeit seiner Gedichte als Maß für ihre Vollkommenheit bestimmt; ihm ging es darum, die Kluft zwischen Autor und breitem Publikum (dem „Volk“) zu schließen. Für Schiller war dies ein verachtenswerter literarischer Populismus: Die Volkstümlichkeit eines Kunstwerkes ist für die Weimarer zweitrangig, Priorität darf allein der absolute, innere Wert eines Werkes haben. Vollkommene Kunst erforderte aber zunächst die (Selbst-)Vervollkommnung des Künstlers.

(Selbst-)Vervollkommnung des Künstlers

Schillers Forderung nach einer ‚Veredelung der Individualität hinauf zu der herrlichsten Menschlichkeit‘ ist eine klare **Abkehr vom Geniegedanken des Sturm und Drang,** der die Subjektivität des Genies als höchsten, über allen Regeln stehenden Wert ansah. Für den Schiller der Klassik hat das Individuelle, Subjektive nur dann künstlerische Daseinsberechtigung,

- wenn es zum **Allgemeinen** erhoben wird,
- wenn es zu einer Aussöhnung des Gegensatzes zwischen Individuum und Gesellschaft kommt und
- wenn sich das Individuum höheren Gesetzen wie der Sittlichkeit unterwirft.

Vom Künstler wird gefordert, sich von seinem Seelenzustand distanzieren, d. h. ihn objektivieren zu können:

> *„Eine der ersten Erfordernisse des Dichters ist Idealisierung, Veredlung, ohne welche er aufhört, seinen Namen zu verdienen. Ihm kommt es zu, das Vortreffliche seines Gegenstandes (mag dieser nun Gestalt, Empfindung oder Handlung sein, in ihm oder*

20 Schiller, *Über Bürgers Gedichte*, S. 972.

außer ihm wohnen) von gröbern, wenigstens fremdartigen Beimischungen zu befreien, die in mehreren Gegenständen zerstreuten Strahlen von Vollkommenheit in einem einzigen zu sammeln, einzelne, das Ebenmaß störende Züge der Harmonie des Ganzen zu unterwerfen, das Individuelle und Lokale zum Allgemeinen zu erheben."[21]

Vergleich mit der Romantik

Diese **Funktionsbeschreibung** steht nicht nur im Gegensatz zu der des Sturm und Drang, sondern auch zu der der Romantik, die die klassische Periode überlagert. Zwischen 1790 und 1830 gab es also gleich mehrere miteinander **konkurrierende Literaturauffassungen**. Als Beispiel sei die typisch romantische Formulierung von der Aufgabe des Dichters skizziert, wie sie Joseph von Eichendorff in seinem berühmten Sonett *Ihm ist's verliehn* beschreibt:

Joseph von Eichendorff
***Ihm ist's verliehn* (entst. 1808[22])**

Ihm ist's verlieh'n, aus den verworrnen Tagen,
Die um die andern sich wie Kerker dichten,
Zum blauen Himmel sich emporzurichten,
In Freudigkeit: Hier bin ich, Herr! zu sagen.

Das Leben hat zum Ritter ihn geschlagen,
Er soll der Schönheit neid'sche Kerker lichten;
Dass nicht sich alle götterlos vernichten,
Soll er die Götter zu beschwören wagen.

Tritt erst die Lieb' auf seine blüh'nden Hügel,
Fühlt er die reichen Kränze in den Haaren,
Mit Morgenrot muss sich die Erde schmücken;

Süßschauernd dehnt der Geist die großen Flügel,
Es glänzt das Meer – die mut'gen Schiffe fahren.
Da ist nichts mehr, was ihm nicht sollte glücken!

21 Ebd., S. 979.
22 Sofern das Erscheinungsdatum eines Gedichts nicht auch dem Entstehungsdatum entspricht, wird dies gesondert vermerkt.

Für die Romantiker hat der Dichter die **Aufgabe, Natur, Schönheit und Liebe in schwärmerischer Weise zu beschreiben**, also zu verherrlichen. Schon im 2. Quartett wird der Dichter als Held dargestellt, der die Schönheit preist und die Menschen an die Existenz der Götter erinnert. In den beiden Terzetten wird die Liebe als das Thema genannt, das den Dichter in besonderem Maße auszeichnet, das dem dichterischen Werk die Weite der Phantasie öffnet und das Gelingen seiner Werke garantiert. Mit Schönheit und Liebe definiert das lyrische Ich die wichtigsten Themen des Dichters und sieht dessen Funktion darin, Mut zuzusprechen und eine optimistische Einstellung zu vertreten. Dabei unterstreicht der Sprecher die Bedeutung der Liebe, was sowohl als Thema des Werkes als auch als Liebe zum Werk zu verstehen ist, die essenziell für sein dichterisches Schaffen ist.[23]

„naive" und „sentimentalische" Dichtung

Der Kontrast zur ***klassischen*** **Funktionsbestimmung des Dichters** liegt auf der Hand: Dem klassischen Dichter obliegt die Aufgabe, Vollkommenes darzustellen, Abstand von individuellen Gefühlen zu nehmen und Allgemeingültiges zu formulieren. Schiller hat in seinem Essay *Über naive und sentimentalische Dichtung* (1795/1796) genau auf diesen Umstand hingewiesen. Ein „naiver" Dichter (wie es für Schiller tendenziell Goethe war) folgt den Gegenständen der Natur und seinen eignen Gefühlen in nachahmender Weise, während der sentimentalische Dichter (zu denen sich Schiller rechnete) Gegenstände und Gefühle **poetisch reflektiert** und das Allgemeingültige, die Idee, dahinter sucht. Ausgangspunkt ist dabei das Leiden an der verloren gegangenen Einheit von Mensch und Natur aufgrund einer sich modernisierenden, industrialisierenden Gesellschaft.

23 Vgl. dazu Blecken, Kap. 11.2 des zweiten Teils.

„Da der naive Dichter bloß der einfachen Natur und Empfindung folgt und sich bloß auf Nachahmung der Wirklichkeit beschränkt, so kann er zu seinem Gegenstand auch nur ein einziges Verhältnis haben, und es gibt, in dieser Rücksicht, für ihn keine Wahl der Behandlung. Der verschiedene Eindruck naiver Dichtungen beruht (vorausgesetzt, dass man alles hinwegdenkt, was daran dem Inhalt gehört, und jenen Eindruck nur als das reine Werk der poetischen Behandlung betrachtet), beruht, sage ich, bloß auf dem verschiedenen Grad einer und derselben Empfindungsweise; selbst die Verschiedenheit in den äußern Formen kann in der Qualität jenes ästhetischen Eindrucks keine Veränderung machen. Die Form sei lyrisch oder episch, dramatisch oder beschreibend, wir können wohl schwächer und stärker, aber (sobald von dem Stoff abstrahiert wird) nie verschiedenartig gerührt werden. Unser Gefühl ist durchgängig dasselbe, ganz aus einem Element, sodass wir nichts darin zu unterscheiden vermögen. Selbst der Unterschied der Sprachen und Zeitalter ändert hier nichts, denn eben diese reine Einheit ihres Ursprungs und ihres Effekts ist ein Charakter der naiven Dichtung.

Ganz anders verhält es sich mit dem sentimentalischen Dichter. Dieser reflektiert über den Eindruck, den die Gegenstände auf ihn machen, und nur auf jene Reflexion ist die Rührung gegründet. in die er selbst versetzt wird und uns versetzt. Der Gegenstand wird hier auf eine Idee bezogen, und nur auf dieser Beziehung beruht seine dichterische Kraft. Der sentimentalische Dichter hat es daher immer mit zwei streitenden Vorstellungen und Empfindungen, mit der Wirklichkeit als Grenze und mit seiner Idee als dem Unendlichen, zu tun, und das gemischte Gefühl, das er erregt, wird immer von dieser doppelten Quelle zeugen. Da also hier eine Mehrheit der Prinzipien stattfindet, so kommt es darauf an, welches von beiden in der Empfindung des Dichters und in seiner Darstellung überwiegen wird, und es ist folglich eine Verschiedenheit in der Behandlung möglich. Denn nun entsteht die Frage, ob er mehr bei der Wirklichkeit, ob er mehr bei dem Ideale verweilen – ob er jene als einen Gegenstand der Abneigung, ob er dieses als einen Gegenstand der Zuneigung ausführen will. Seine Darstellung wird also entweder satirisch, oder sie wird (in einer weitern Bedeutung dieses Worts, die sich nachher erklären wird) elegisch sein; an eine von diesen beiden Empfindungsarten wird jeder sentimentalische Dichter sich halten."[24]

Hölderlins Ode *Dichterberuf*

Friedrich Hölderlin, der zumindest in einem weiteren Sinne zur Klassik zu zählen ist, erweitert diese Vorstellung über den „Dichterberuf" sogar noch ins Religiöse hinein. Der Dichter hat den Auftrag, einen Zusammenhang zwischen Mensch und Welt herzustellen und beansprucht dabei mit seinen Werken **objektive Gültigkeit** – so wird es in Hölderlins Ode *Dichterberuf* (1800/1801) formuliert. Klassisch ist auch Hölderlins Vorstellung, dass es die Aufgabe des Dichters sei, Allgemeingültiges zu formulieren.

Friedrich Hölderlin
***Dichterberuf* (1800/1801)**

Zu Sorg und Dienst den Dichtenden anvertraut!
Der Höchste, der ist's, dem wir geeignet sind,
Dass näher, immerneu besungen
Ihn die befreundete Brust vernehme.

Und dennoch, o ihr Himmlischen all, und all
Ihr Quellen und ihr Ufer und Hain' und Höhn,
Wo wunderbar zuerst, als du die
Locken ergriffen, und unvergesslich

Der unverhoffte Genius über uns
Der schöpferische, göttliche kam, dass stumm
Der Sinn uns ward und, wie vom
Strahle gerührt, das Gebein erbebte (Strophe 4–6)

24 Schiller, *Über naive und sentimentalische Dichtung*, S. 720 f.

Allerdings entfernt sich Hölderlins Vorstellung vom Dichter von der der Weimarer Klassiker, wenn er die Pflicht des Dichters auch darin erkennt, göttlichen Willen zu vermitteln und sich gewissermaßen als Prophet einer erwarteten Gotteswiederkehr zu sehen:

Bis aufgereizt vom Stachel im Grimme der
Des Ursprungs sich erinnert und ruft, dass selbst
Der Meister kommt, dann unter heißen
Todesgeschossen entseelt dich lässet? (Strophe 11)

der Humor und das Schöne

Auch das Werk **Jean Pauls** zählt zumindest in einem weiteren Sinne zur deutschen Klassik. Der Unterschied zu Goethe und Schiller wird in Jean Pauls ästhetischer Auffassung deutlich, in der nicht nur dem Schönen und Erhabenen poetische Bedeutung zugemessen wird, sondern gerade auch dem Humor. Humor beruht auf **Weltüberlegenheit und Weltliebe** (vgl. *Vorschule der Ästhetik,* 1804), er erlaubt es, im Kontrast das Allgemeine umso deutlicher herauszustellen:

„*§ 32*

Humoristische Totalität

Der Humor, als das umgekehrte Erhabene, vernichtet nicht das Einzelne, sondern das Endliche durch den Kontrast mit der Idee. Es gibt für ihn keine einzelne Torheit, keine Toren, sondern nur Torheit und eine tolle Welt; er hebt – ungleich dem gemeinen Spaßmacher mit seinen Seitenhieben – keine einzelne Narrheit heraus, sondern er erniedrigt das Große, aber – ungleich der Parodie – um ihm das Kleine, und erhöhet das Kleine, aber – ungleich der Ironie – um ihm das Große an die Seite zu setzen und so beide zu vernichten, weil vor der Unendlichkeit alles gleich ist und nichts.“[25]

25 Jean Paul, S. 108.

Die Klassik bedient sich aller literarischen Gattungen, wenn auch mit unterschiedlicher poetischer Bewertung: Im **Bildungsroman** (z. B. Goethes *Wilhelm Meisters Lehrjahre*, 1795/1796) kommt das klassische Bildungsideal idealtypisch zum Ausdruck. Dennoch wird der Roman nicht als höchste poetische Form, sondern nur als ein „Halbbruder" der Poesie (Schiller)[26] betrachtet, da er zu sehr in der Realität verwurzelt ist.

Existenzielle Fragen werden im **Drama** der Klassik behandelt: Goethes *Tasso* (1789) behandelt das Verhältnis von Künstler und Gesellschaft, in seiner *Iphigenie* (1787) wird der Glaube an die Humanität thematisiert. Hauptprobleme des Dramas sind menschliche Schuld und Läuterung sowie die Spannung zwischen menschlicher Freiheit und Schicksal. Hölderlins *Empedokles* (1797–1800) definiert das Leid als Götterferne, Götternähe dagegen wird als Fest gedeutet.

Gedankenlyrik

Die **Lyrik** ist eine wichtige literarische Ausdrucksform der klassischen Ideale. Schiller forderte, wie bereits gesagt, die innere **Distanz zur eigenen Seelenlage** und die **Idealisierung des Individuellen zum Allgemeingültigen**. Schillers und Goethes lyrische Werke lassen sich daher überwiegend der Gedankenlyrik zuordnen: Es geht um philosophische Themen wie die Ordnung der menschlichen Gesellschaft, die Verantwortlichkeit des Ich, die gesetzliche Fügung der Welt.

Hölderlins Lyrik beschäftigt sich fast ausschließlich mit dem Erhabenen, dem ersehnten Göttlichen, das er in einem monologischen, orphischen Stil gestaltet. Formal greifen die Lyriker der Klassik meist auf antike Strophenformen (asklepiadische Strophe, alkäische Strophe) oder romanische Strophenformen (Stanze, Sonett) zurück. Beliebt ist die Form der Ballade.

26 Schiller, *Über naive und sentimentalische Dichtung*, S. 741.

4. Themen und Autoren

Nach der Vorstellung der literaturtheoretischen Grundzüge der Weimarer Klassik in Kap. 3 soll im Folgenden ein zusammenfassender Überblick über die **thematischen Grundlinien** der Epoche gegeben werden.

1775 wurde der damals 26-jährige Goethe von dem jungen Herzog Karl August an den Hof nach Weimar geholt. Der Dichter kehrte damit seiner Sturm und Drang-Phase den Rücken und trat eine Beschäftigung an, die ihm ein Auskommen sicherte und seinen Wirkungskreis erweiterte. Als **Geheimrat** widmete sich Goethe Regierungsgeschäften, lernte neue Realitätsbereiche wie den Bergbau kennen, kümmerte sich jedoch auch um den Ausbau von Universität und Theater. Schiller kam erst 1787 nach Weimar. Er hatte in den ersten Jahren kaum Kontakt zu Goethe, und beide hegten gegeneinander zunächst durchaus zwiespältige Empfindungen.

Die **Zusammenarbeit zwischen Goethe und Schiller** intensivierte sich erst im Laufe der 1790er Jahre. Ein gemeinsames Projekt war z. B. die von Schiller herausgegebene Zeitschrift *Die Horen* (1795–1797), das repräsentative Organ der Weimarer Klassik, das sich als Forum für Autoren verstand, die sich dem „Ideal veredelter Menschheit" und ihren Werten „Wohlanständigkeit", „Ordnung", „Gerechtigkeit" und „Friede" verschrieben hatten. Das zweite Gemeinschaftsprojekt, der *Xenien-Almanach* (1797), bestand aus Epigrammen, die sich satirisch-spöttisch mit dem aktuellen literarischen Leben auseinandersetzten.

„Balladenjahr" 1797

Einen Höhepunkt des gemeinsamen Schaffens stellt das „Balladenjahr" 1797 dar, eine Art Wettstreit zwischen den beiden Dichtern. Die dabei entstandenen Balladen gab Schiller im *Musenalmanach* (1798) heraus. Dieser Almanach wurde schnell zum Bildungsgut des Bürgertums. Mit der Ballade bedienten sich beide einer weit verbreiteten und populären lyrischen Form. Allerdings eliminierten Goethe und Schiller weitgehend die Elemente des Volkstümlichen, wie sie in den Balladen von Sturm und Drang-Autoren zu finden waren. Am Beispiel der ersten beiden Strophen einer Ballade des Sturm und Drang-Dichters Gottfried August Bürger wird diese Volkstümlichkeit in Wortwahl (vgl. V. 1) und Thematik (abenteuerliche Rittergeschichte) deutlich.

Gottfried August Bürger
***Die Entführung, oder Ritter Karl von Eichenhorst und Fräulein Gertrude von Hochburg* (1782)**

„Knapp', satt'le mir mein Dänenross,
Dass ich mir Ruh' erreite!
Es wird mir hier zu eng' im Schloss;
Ich will und muss ins Weite!" –
So rief der Ritter Karl in Hast,
Voll Angst und Ahnung, sonder Rast.
Es schien ihn fast zu plagen,
Als hätt' er wen erschlagen.

Er sprengte, dass es Funken stob,
Hinunter von dem Hofe;
Und als er kaum den Blick erhob,
Sieh da! Gertrudens Zofe!
Zusammenschrak der Rittersmann;
Es packt' ihn wie mit Krallen an
Und schüttelt' ihn, wie Fieber,
Hinüber und herüber.

Weltanschauungslyrik

Goethe und Schiller stellten die Form der Ballade ganz **in den Dienst ihrer ästhetisch-sittlichen Ideen** und entwickelten eine Art Weltanschauungslyrik, in der sich das Selbstverständnis der klassischen Epoche ausdrückt. Die ersten Werke boten noch eine Mischung aus epischen, lyrischen und dramatischen Elementen (vgl. Schillers *Der Ring des Polykrates*, *Kraniche des Ibykus*, *Die*

Bürgschaft, Goethes *Die Braut von Korinth*). Als Beispiel sei an dieser Stelle eine der berühmtesten Balladen Goethes zitiert:

Johann Wolfgang von Goethe
***Erlkönig* (1782)**

Wer reitet so spät durch Nacht und Wind?
Es ist der Vater mit seinem Kind;
Er hat den Knaben wohl in dem Arm,
Er fasst ihn sicher, er hält ihn warm.

Mein Sohn, was birgst du so bang dein Gesicht? –
Siehst Vater, du den Erlkönig nicht?
Den Erlenkönig mit Kron und Schweif? –
Mein Sohn, es ist ein Nebelstreif. –

„Du liebes Kind, komm, geh mit mir!
Gar schöne Spiele spiel' ich mit dir;
Manch bunte Blumen sind an dem Strand,
Meine Mutter hat manch gülden Gewand."

Mein Vater, mein Vater, und hörest du nicht,
Was Erlenkönig mir leise verspricht? –
Sei ruhig, bleibe ruhig, mein Kind!
In dürren Blättern säuselt der Wind. –

„Willst, feiner Knabe, du mit mir gehn?
Meine Töchter sollen dich warten schön;
Meine Töchter führen den nächtlichen Reihn
Und wiegen und tanzen und singen dich ein."

Mein Vater, mein Vater, und siehst du nicht dort
Erlkönigs Töchter am düstern Ort? –
Mein Sohn, mein Sohn, ich seh es genau:
Es scheinen die alten Weiden so grau. –

„Ich liebe dich, mich reizt deine schöne Gestalt;
Und bist du nicht willig, so brauch' ich Gewalt."
Mein Vater, mein Vater, jetzt fasst er mich an!
Erlkönig hat mir ein Leids getan! –

Dem Vater grauset's, er reitet geschwind,
Er hält in Armen das ächzende Kind,
Erreicht den Hof mit Mühe und Not;
In seinen Armen das Kind war tot.

In den folgenden Balladen ordneten die Weimarer Dichter die Figuren zunehmend einer Idee unter. Die Figuren dienten als Exempel bei der Vermittlung einer Lehre (vgl. Goethes *Grenzen der Menschheit*, Schillers *Das Ideal und das Leben*, *Die Götter Griechenlands*, *Das Lied von der Glocke*). Die **Balladen sind integraler Bestandteil der Klassik**, in ihnen erprobten Schiller und Goethe eigene Konzepte ihrer modernen Form: „Insofern sind die Balladen auch Ausdruck von Goethes Selbstbewusstsein gerade als moderner Dichter (und Gleiches kann für Schiller und dessen Balladen gelten)."[27]

Unterschiede im Menschenbild

Dabei kommen in Goethes und Schillers klassischen Gedichten durchaus Unterschiede im Menschenbild zum Ausdruck. **Goethe** sieht den als tragisch verstandenen Menschen in die menschliche Gemeinschaft und in die Harmonie des Kosmos eingeordnet. Die Aufgabe des Menschen ist die der Selbsterziehung und -bildung, sodass es zu einem harmonischen Ausgleich zwischen den Forderungen von Gefühl und Leidenschaft und den Forderungen von Realität und Gemeinschaft kommt.

Bei **Schiller** trifft man eher auf ein dualistisches Menschenbild: Die Polarität von Freiheit und Form, Sinnlichkeit und Ratio wird nicht im Kompromiss aufgelöst, sondern als gegenseitige Ergänzung ausgehalten. Trotz dynamischer Spannung bleibt die ausgewogene Form als Rahmen erhalten (Vorbild reinen Menschentums).

27 Wild, S. 212.

Orientierung an der Antike/Italienreise

Bei Goethe beginnt das Interesse an der Antike angedeutet bereits in dem Gedicht *Mignon* (entst. 1782) in dem Roman *Wilhelm Meisters Lehrjahre* (1795/1796). Explizit ausgeführt wird es in den *Römischen Elegien* (1795) und in dem erst 1816 erschienenen Tagebuch seiner *Italienischen Reise*. Italien bedeutete für Goethe einerseits die Erfüllung eines lang gehegten Wunsches, andererseits aber auch die Übernahme klassischer ästhetischer Prinzipien. Schillers *Die Götter Griechenlands* (1788) lebt von der Atmosphäre frühklassischer Griechenlandbegeisterung. Inspiriert durch Winckelmanns Kunstdeutungen wird die Antike als ein **Ort der zeitlosen Schönheit und des edlen Menschentums** idealisiert (um nicht zu sagen: verklärt).

Auch Hölderlins *Die Eichbäume* (1797) orientiert sich formal und inhaltlich an der Antike. Mit der **Liebe** kommt in diesem Werk ein zentrales Element des klassischen Sittlichkeitsideals zur Sprache, allerdings ohne dass dabei auch das klassische Humanitätsideal entfaltet wird. Über diese epochentypische Deutung hinausgehend, lässt sich das Gedicht auch als Ausdruck von Hölderlins Selbstverständnis gegenüber den Weimarer Dichtern begreifen.

das „Erhabene“

Schiller hat in *Nänie* (1800) sowohl das antike Schönheitsideal, wie es von Winckelmann gedeutet wurde, gestaltet, als auch eine Funktionsbeschreibung der Kunst vorgenommen, wonach die Kunst das Schöne zu bewahren und beschützen hat. Im Konzept des **„Erhabenen“** führt Schiller Kants ästhetische Theorien weiter:

> „Erhaben *nennen wir ein Objekt, bei dessen Vorstellung unsere sinnliche Natur ihre Schranken, unsere vernünftige Natur aber ihre Überlegenheit, ihre Freiheit von Schranken fühlt; gegen das wir also* physisch *den Kürzeren ziehen, über welches wir uns aber* moralisch, *d. i. durch Ideen erheben.*“[28]

28 Schiller, *Vom Erhabenen*, S. 489.

Die Ohnmacht und Unterlegenheit, die der Mensch angesichts von Bergen oder Naturgewalten erfährt, schlägt demnach um in das Erleben der eigenen Würde und Freiheit, ist doch der Mensch der Natur gegenüber zwar physisch unterlegen, aber als freies, sittliches Individuum psychisch überlegen.

Darstellung der Natur

In dem noch vorklassischen Gedicht *Auf dem See* (entst. 1775) schneidet Goethe bereits Themenkreise an, die in seiner späteren Lyrik eine bedeutsame Rolle spielen, z. B. **Gegenwart/Erinnerung**, **Natur/Liebe**. Das Thema „Natur" im Verhältnis zum Menschen und seiner Macht wird in den Gedichten *Zauberlehrling* (1797) und *Natur und Kunst* (entst. 1800) aufgegriffen. An seiner Behandlung erkennt man die Weiterentwicklung von Goethes ästhetischem Gestaltungsvermögen hin zu typisch klassischen Inhalten und formalem Ausdruck: Im *Zauberlehrling* wird klar, dass der Mensch Gesetze einhalten muss, um die Natur zu beherrschen. Die harmonische Verbindung von Gesetz und Freiheit in dem programmatischen Sonett *Natur und Kunst* gilt als höchster Ausdruck des ästhetischen und sittlichen Humanitätsideals der Klassik. *Die Metamorphose der Pflanzen* (1798) ist ein Ergebnis der naturwissenschaftlichen Studien Goethes; zugleich gilt das Gedicht als Sinnbild des Lebens überhaupt. Es zeigt die klassische Auffassung eines den gesamten Kosmos durchwaltenden ordnenden Prinzips, das für alle Lebewesen gleichermaßen gilt. In *Gesang der Geister über den Wassern* (entst. 1779) wird bereits die Seele als irdisch und göttlich zugleich begriffen, sie erfüllt damit Goethes Vorstellung einer Emanation Gottes[29], wie der Dichter sie auch in *Grenzen der Menschheit* (entst. 1781) formuliert. Das Bild des ewigen Kreislaufs und die Ring-Symbolik tauchen in *Grenzen der Menschheit* wieder auf. Das Naturbild im *Gesang* schließlich ähnelt dem

Bild des ewigen Kreislaufs

29 Emanation: Hervorgehen aller Dinge aus dem unveränderlichen, vollkommenen, göttlichen Einen.

Bild, das Goethe in dem 1783 entstandenen Gedicht *Das Göttliche* zeichnet, in dem der Wind als Schicksal begriffen wird.

Der Mensch und das Göttliche

In *Das Göttliche* ermöglicht die **Ahnung** dem Menschen eine Vorstellung vom Metaphysischen. Das Streben des Menschen nach dem Göttlichen ist sein herausragender Wesenszug und ist als moralischer Anspruch, als ethischer Appell zu verstehen. Dabei ist vor allem die **Ehrfurcht** das den Menschen bestimmende Gefühl gegenüber den transzendenten Mächten (vgl. *Grenzen der Menschheit*). Noch in Goethes Alterslyrik, beispielsweise in *Urworte Orphisch* (entst. 1817), begegnet man dem klassischen Prinzip der den Kosmos durchwaltenden ordnenden Macht und dem Rückgriff auf die Antike: Das menschliche Leben ist der Einwirkung göttlicher Mächte ausgesetzt; das christliche Hoffnungsprinzip gilt als Weg über den Tod hinaus. In *Urworte Orphisch*, aber auch in *Eins und Alles* (entst. 1821) wird die Vorstellung vermittelt, dass **Veränderung und Wandel** elementare Lebensgesetze ist.
Hölderlin unterscheidet sich von den beiden Weimarer Dichtern. Das wird in Hölderlins Gedicht *Hälfte des Lebens* (1804) deutlich, das die Eigentümlichkeit menschlichen Lebens thematisiert: Das Bewusstsein der eigenen Vergänglichkeit wird trostlos geweckt, das Individuum bleibt mit dieser Problematik auf sich selbst verwiesen. Der auffällige Verzicht auf eine metaphysische Hoffnung bei Hölderlin nimmt bereits ein Charakteristikum moderner Lyrik vorweg.

Kritik am Christentum

Die Dichter der Klassik kritisieren am Christentum, dass Liebe, Sinnlichkeit und Sexualität von der Religion unter dem Verdacht der Sünde gestellt werden und elementare (zwischen-)menschliche Ausdrucksformen somit stets Gefahr laufen, von der Theologie verteufelt zu werden. So wird es in den Goethe-Balladen *Der Gott und die Bajadere* und *Die Braut von Korinth* (beide entst. 1797), vor allem aber in Schillers *Die Götter Griechenlands* deutlich zum Ausdruck gebracht. Es war für die Dichter der Klassik wichtig zu prüfen, wie **sich Sittlichkeit** und die **Ordnung des menschlichen Zusammenlebens** vereinbaren lassen: In *Die Braut von Korinth* scheitert die Erfüllung des privaten Glücks, in *Der Gott und die Bajadere* erfüllt sich die liebende Hingabe bis in den Tod, der Lohn ist die Apotheose (Vergöttlichung). Ob eine soziale Ordnung auf wahre Humanität gegründet ist, erweist sich an der Erfüllung oder am Scheitern einer Liebesbindung.

Das Humanitätsideal

Schillers *Lied von der Glocke* (1799) enthält verdichtet die klassischen Ideale, exemplifiziert in bürgerlichen Wertvorstellungen:

- Anerkennung der übergeordneten Mächte der Sittlichkeit, der Kultur und der Natur
- Glaube an die freie Selbstbestimmung
- Aussöhnung mit der Gesellschaft und ihren Normen
- Humanität und (sittlicher) Idealismus als Lebensideale
- die „schöne Seele" als Harmonie von Neigung und Pflicht, Gefühl und Verstand

Schillers *Die Bürgschaft* (1798) stellt zwei „schöne Seelen" exemplarisch dar und beschreibt die sittliche Überlegenheit und Vorbildhaftigkeit, die noch den Tyrannen beeindruckt. Nimmt man die beiden Gedichte *Die Worte des Glaubens* (1797) und *Die Worte des Wahns* (1800) zusammen, so wird deutlich, dass Schillers frühklassischer Idealismus nach seinem Kant-Studium einem realistischen Konzept gewichen ist, das aber ohne einen (an Kant und der geschichtlichen Realität) **„geläuterten" Idealismus** nicht auskommen will.

Die folgende Tabelle gibt einen thematisch geordneten Überblick über sämtliche in diesem Band zu findenden Lyrik-Beispiele (einige Werke werden doppelt aufgeführt):

Orientierung an der Antike / Italienreise	Kap.
Johann Wolfgang von Goethe: *Mignon* (entst. 1782)	s. 1.4
Johann Wolfgang von Goethe: *Römische Elegien I* (entst. 1788/1790)	s. 1.4
Johann Wolfgang von Goethe: *Römische Elegien V* (entst. 1788/1790)	s. 1.4
Friedrich Schiller: *Die Götter Griechenlands* (1788, 2. Fassung von 1793)	s. 2.2
Friedrich Schiller: *Nänie* (1800)	s. 2.6
Friedrich Hölderlin: *Die Eichbäume* (1797)	s. 3.2
Darstellung der Natur	
Johann Wolfgang von Goethe: *Der Zauberlehrling* (1797)	s. 1.2
Johann Wolfgang von Goethe: *Auf dem See* (entst. 1775)	s. 1.2
Johann Wolfgang von Goethe: *Natur und Kunst* (entst. 1800)	s. 1.2
Johann Wolfgang von Goethe: *Gesang der Geister über den Wassern* (entst. 1779)	s. 1.3
Johann Wolfgang von Goethe: *Grenzen der Menschheit* (entst. 1781)	s. 1.5
Johann Wolfgang von Goethe: *Die Metamorphose der Pflanzen* (1798)	s. 1.7
Der Mensch und das Göttliche	
Johann Wolfgang von Goethe: *Das Göttliche* (entst. 1783)	s. 1.5
Johann Wolfgang von Goethe: *Grenzen der Menschheit* (entst. 1781)	s. 1.5
Johann Wolfgang von Goethe: *Der Gott und die Bajadere* (1797)	s. 1.6

Johann Wolfgang von Goethe: *Urworte Orphisch* (entst. 1817)	s. 1.8
Johann Wolfgang von Goethe: *Eins und alles* (entst. 1821)	s. 1.8
Johann Wolfgang von Goethe: *Dem Ackermann* (entst. 1785)	s. 1.8
Friedrich Schiller: *Ring des Polykrates* (1797)	s. 2.4
Friedrich Hölderlin: *Hälfte des Lebens* (entst. 1799)	s. 3.3
Kritik am Christentum	
Johann Wolfgang von Goethe: *Die Braut von Korinth* (1797)	s. 1.6
Johann Wolfgang von Goethe: *Der Gott und die Bajadere* (1797)	s. 1.6
Friedrich Schiller: *Die Götter Griechenlands* (1788, 2. Fassung von 1793)	s. 2.2
Das Humanitätsideal	
Friedrich Schiller: *Die Worte des Glaubens* (1797)	s. 2.3
Friedrich Schiller: *Die Worte des Wahns* (1800)	s. 2.3
Friedrich Schiller: *Hoffnung* (1798)	s. 2.3
Friedrich Schiller: *Die Bürgschaft* (1798)	s. 2.5
Friedrich Schiller: *Das Lied von der Glocke* (1799)	s. 2.7
Sonstige	
Friedrich Hölderlin: *Dichterberuf* (1800/1801)	s. 3. (Teil 1)
Gottfried August Bürger: *Die Entführung, oder Ritter Karl von Eichenhorst und Fräulein Gertrude von Hochburg* (1782)	s. 4. (Teil 1)
Johann Wolfgang von Goethe: *Erlkönig* (1782)	s. 4. (Teil 1)

5. Epochenblatt zur Lyrik der Klassik

„Klassik": von lat. „classicus" = ein Bürger, der zur höchsten Steuerklasse zählt. Daraus abgeleitet „vortrefflich", „maßgebend". Bezeichnung für jene Kunstperioden, die von der Nachwelt als qualitative Kulminationspunkte (Blütezeiten) einer nationalen Kultur erachtet werden. Den Anfang der deutschen Klassik markiert Goethes Aufenthalt in Italien in den Jahren 1786–1788, ihr Ende der Tod Schillers im Jahre 1805 bzw. der Tod Goethes im Jahre 1832.

zeitgeschichtlicher Hintergrund

- deutsche Kleinstaaterei: Herzogtum Weimar als Beispiel
- amerikanische Unabhängigkeitserklärung mit Erklärung der Menschenrechte (1776) und Französische Revolution (1789)
- Weimarer Klassik als Reaktion (Ablehnung) auf die Französische Revolution: Ablehnung gewaltsamer politischer Veränderungen, Mensch soll ästhetisch erzogen werden, um erst für neue Verhältnisse reif zu werden
- Kriege Napoleons/deutsche Befreiungskriege (ab 1799)
- Rheinbund unter französischem Recht („Code Napoléon", 1806)
- Siege über Napoleon 1813 (Leipzig) und 1815 (Waterloo)
- Wiener Kongress (1815)
- Klima der Unterdrückung/feudale Restauration (monarchistisches Prinzip nach 1815, Karlsbader Beschlüsse 1819, Zensur), Unterdrückung des verbreiteten Wunsches nach einem deutschen Nationalstaat

geistesgeschichtlicher Hintergrund

- Überlagerung und Gleichzeitigkeit verschiedener literarischer Strömungen (Sturm und Drang, Klassik, Romantik)
- Weimarer Klassik als Reaktion auf die Einseitigkeiten von Aufklärung und Sturm und Drang
- Immanuel Kants Sittengesetz („kategorischer Imperativ") und Vernunftidealismus (*Kritik der praktischen Vernunft*, 1788)
- Wilhelm von Humboldt (1767–1835), Bildungsidealismus
- Jean-Jacques Rousseau (1712–1778): Der Mensch ist frei geboren (*Du contract social*, 1762)

thematische Merkmale

- Ideal vollkommener, zeitloser Schönheit
- griechische Antike als Vorbild
- „edle Einfalt und stille Größe" (Winckelmann): Bändigung und Läuterung der Leidenschaften

- innere Harmonie und Ausgewogenheit zwischen Sinnlichkeit/Gefühl und Ratio/Vernunft
- hoher Wert des sittlichen Handelns; Humanität und Toleranz
- kosmische Ordnung als Notwendigkeit
- „Schönheit als Freiheit in der Erscheinung" (Schiller)
- Begriff der „schönen Seele" (Schiller): Vereinigung von Pflicht und Neigung
- Selbsterziehung, -vervollkommnung des Menschen
- Naturbilder als Seelenbilder
- das Erhabene (Schiller) als Beispiel für sinnliche Gebundenheit und geistige Freiheit (Überlegenheit des Menschen gegenüber Naturgewalten)
- bestimmte Themen tendenziell ausgeschlossen: Krankheit, Extreme, Hässlichkeit, Grausamkeit
- Distanz gegenüber den Schattenseiten der menschl. Natur

formale Merkmale

- wieder verstärkter Einsatz formaler Regeln und Beschränkungen (im Unterschied zur Lyrik des Sturm und Drang)
- Ideen-, Gedanken-, Weltanschauungslyrik (statt subjektiver Erlebnislyrik)
- Nachahmung antiker Muster, Verwendung antiker Formen und Stilmittel (z. B. Asklepiadische Strophe, Alkäische Strophe)
- Verwendung romanischer Strophenformen (Stanze, Sonett)
- Harmonie zwischen Aussage und Form als Ideal
- Elegie: Trauer über verlorene Natur bzw. unerreichbares Ideal
- Kunstballade: Mischung aus lyrischen (Metrum, Vesifizierung), epischen (Handlung wird erzählt, Erzähltempus) und dramatischen Elementen (Figurenrede)
- Gedicht vermittelt über eine anschaulich-spannende Erzählung einen allgemeinen Gedanken
- Dinggedicht
- Epigramme (*Xenien*)
- Hymne

Hauptvertreter

- Johann Wolfgang von Goethe (1749–1832)
- Friedrich Schiller (1759–1805)

Im weiteren Sinne lassen sich zur deutschen Klassik ebenfalls zählen:
- Heinrich von Kleist (1777–1811)
- Friedrich Hölderlin (1770–1843)
- Jean Paul (1763–1825)

Wegbereiter und Mitstreiter der deutschen Klassik:
- Wilhelm von Humboldt (1767–1835), Sprachforscher, Philosoph und Schulreformer
- Karl Philipp Moritz (1756–1793), Dichter und Psychologe
- Johann Joachim Winckelmann (1717–1768), Archäologe und Kunsthistoriker

II. Autoren und ihre Gedichte

1. Johann Wolfgang von Goethe (1749–1832)

1.1 Kurzbiografie

Goethe ist als *die* Zentralgestalt der deutschen Literatur, sein Name steht für eine ganze Epoche („Goethezeit"); sein umfangreiches Werk zählt zur Weltliteratur. Als Lyriker, Dramatiker und Epiker durchlief er mehrere, teils zeitbedingte Entwicklungsphasen, von denen die „klassische" die bedeutendste wurde. Seine Gedichte sind oft Ausdruck von persönlichen Erlebnissen, doch trat in der Weimarer Zeit das Erlebnishafte (Natur, Liebe) gegenüber einer Natur- und Weltanschauungslyrik zurück. Dennoch zeichnen sich gerade auch Goethes klassische Balladen dadurch aus, dass in ihnen das Sinnliche, Fassbare gegenüber dem Abstrakten, Lehrhaften dominiert.

Goethe wurde am 28. August 1749 in Frankfurt am Main als Sohn einer wohlhabenden und kultivierten bürgerlichen Familie geboren. In seiner Jugend erhielt er Privatunterricht. Auf Wunsch des Vaters studierte Goethe 1765–1768 Rechtswissenschaft in Leipzig. Während seiner Studienjahre entfalteten sich seine Interessen für Kunst und Literatur, Aufklärung, Pietismus, Empfindsamkeit und Mystik, er las Klopstock, Winckelmann und Lessing. Eine Erkrankung erzwang vorübergehend die Rückkehr ins Elternhaus. 1771 schloss Goethe sein Studium in Straßburg ab, wo er mit **Vertretern der Sturm und Drang-Generation** zusammenkam, darunter Johann Gottfried Herder (1744–1803), Johann Heinrich Jung-Stilling (1740–1817) und Jakob Michael Reinhold Lenz (1751–1792).

In Sesenheim verband ihn eine kurze, heftige Liebe zu der Pfarrerstochter Friederike Brion (1752–1813), der er zahlreiche Lieder widmete („Sesenheimer Lieder": *Mailied, Willkommen und Abschied*). 1771 eröffnete Goethe eine **Anwaltskanzlei in Frankfurt** und schrieb die Urfassung des *Götz*-Dramas, 1772 begann seine Tätigkeit als Rezensent der *Frankfurter Gelehrten Anzeigen.* Im Sommer 1772 war Goethe am Reichskammergericht in Wetzlar tätig, wo er Charlotte Buff, die Braut eines Juristenkollegen, kennen lernte; seine unerfüllte Liebe zu ihr wurde zum Stoff des *Werther*-Romans, mit dem Goethe 1774 schlagartig berühmt und der wie kein anderes Buch von der Jugend seiner Generation gefeiert wurde („Werther-Fieber").

am Weimarer „Musenhof"

1775 wurde Goethe vom **jungen Herzog Karl August** an den Weimarer Hof berufen, wo er als Mitglied des „Geheimen Consiliums" Beratungs- und Leitungsfunktionen im Herzogtum wahrzunehmen hatte (1779 Ernennung zum „Geheimen Rat", 1782 zum Finanzminister). Seine zahlreichen Verpflichtungen am „Musenhof" sowie seine botanischen und geologischen Studien engten im ersten Jahrzehnt seine literarischen Arbeiten stark ein. 1776 begann Goethes **Freundschaft mit Charlotte von Stein** (1742–1827), der Frau des weimarischen Stallmeisters: Die geistig-platonische Beziehung lehrte Goethe Maß, Form und Entsagung und förderte so die Wandlung vom Stürmer und Dränger hin zum „Klassiker". An die Stelle rigorosen Subjektivismus trat nun gemeinschaftsdienliche Humanität.

Nach seiner ersten **Italien-Reise** 1786–1788, die Goethe als persönliche Wiedergeburt empfand, schaffte er sich in Weimar den Freiraum, um sich wieder verstärkt seiner Dichtkunst und seinen Naturstudien zu widmen. 1788 begann Goethes **Beziehung mit Christiane Vulpius** (1765–1816), die er 1806 heiratete – gegen den Willen der Weimarer Gesellschaft, die die unstandesgemäße Verbindung ablehnte. Von 1791–1817 leitete Goethe das Weimarer Hoftheater.

Die 1790er Jahre waren bestimmt von der zunehmend intensiver werdenden **Zusammenarbeit mit Friedrich Schiller.** Nach einer ersten Begegnung 1788 kam es am 20. Juli 1794 zur entscheidenden Aussprache zwischen den beiden Dichtern, aus der sich eine überaus fruchtbare Freundschaft entwickelte. Dank Schiller konnte Goethe seinen Roman *Wilhelm Meisters Lehrjahre* (1795/1796) sowie den ersten Teil seines *Faust*-Dramas beenden. Nach Schillers Tod 1805 widmete sich Goethe verstärkt seinen Naturstudien (Farbenlehre) und beschäftigte sich kritisch mit den Werken der Romantiker. 1816 starb Goethes Frau Christiane, 1828 Herzog Karl August, 1830 Goethes Sohn August. Goethe starb am 22. März 1832.

Werk

Annette-Lieder / Neue Lieder	1767/1770	Lyrik
Götz von Berlichingen	1773, 1832 gedruckt	Drama
Clavigo	1774	Drama
Die Leiden des jungen Werthers	1774, Neufassung 1787	Roman
Urfaust	1772-1775 entstanden	Drama
Stella	1776	Drama
Iphigenie auf Tauris	1779 in Prosa, 1787 Neufassung in Blankversen	Drama
Wilhelm Meisters theatralische Sendung	1785 vollendet	Roman
Torquato Tasso	1789 vollendet	Drama

Römische Elegien	1795	Lyrik
Reinecke Fuchs	1794	Versepos
Unterhaltungen deutscher Ausgewanderten	1794/95	Novellen
Venetianische Epigramme	1795	Lyrik
Wilhelm Meisters Lehrjahre	1795/96	Roman
Xenien (mit Schiller)	1796	Lyrik
Balladenalmanach (mit Schiller)	1798	Lyrik
Faust. Eine Tragödie (Faust I)	1808	Drama
Die Wahlverwandtschaften	1809	Roman
Aus meinem Leben. Dichtung und Wahrheit	1811–1833	Autobiografie
Die Italienische Reise	1816/17	Reisebericht
West-östlicher Divan	1819	Lyrik
Wilhelm Meisters Wanderjahre oder Die Entsagenden	1821, erweitert 1829	Roman
Marienbader Elegie	1823	Lyrik
Faust II	1833	Drama

1.2 Beispiel: *Auf dem See* (entst. 1775), *Der Zauberlehrling* (1797) und *Natur und Kunst* (entst. 1800)

Im ersten Beispiel für Goethes Lyrik sollen drei Gedichte aus unterschiedlichen Schaffensphasen auf ihren Zugang zum gemeinsamen Thema „Natur" verglichen werden.

Johann Wolfgang von Goethe:
***Auf dem See* (entst. 1775)**

Und frische Nahrung, neues Blut
Saug' ich aus freier Welt;
Wie ist Natur so hold und gut,
Die mich am Busen hält!
Die Welle wieget unsern Kahn
Im Rudertakt hinauf,
Und Berge, wolkig himmelan,
Begegnen unserm Lauf.

Aug', mein Aug', was sinkst du nieder?
Goldne Träume, kommt ihr wieder?
Weg, du Traum, so gold du bist:
Hier auch Lieb' und Leben ist.

Auf der Welle blinken
Tausend schwebende Sterne,
Weiche Nebel trinken
Rings die türmende Ferne;
Morgenwind umflügelt
Die beschattete Bucht,
Und im See bespiegelt
Sich die reifende Frucht.

Umbruchssituation in Goethes Leben

Das Gedicht *Auf dem See* entstand 1775 während einer Reise Goethes in die Schweiz, wo der Dichter einen **Ausflug auf den Zürichsee** unternahm. Die Reise diente u. a. dazu, sich der als bedrängend empfundenen Nähe seiner damaligen Verlobten, der Frankfurter Bankierstochter Lili Schönemann (1758–1817), zu entziehen. Noch im selben Jahr löste Goethe die Verlobung und entschied sich für das Angebot des Herzogs, nach Weimar zu gehen.
Auf dem See ist noch dem vor-klassischen Goethe, also dem der Sturm und Drang-Zeit zuzurechnen. Es geht um die Beschrei-

bung einer **subjektiven Naturerfahrung des lyrischen Ichs**: In der ersten Strophe befindet sich der Sprecher in einem Boot auf einem See. Er lobt die Natur, die er als nährend und gut empfindet. In der zweiten Strophe beginnt das lyrische Ich zu träumen, es flieht von der Gegenwart in die Erinnerung. Mit dem Argument, dass Lebendiges und Liebe auch in der Realität zu finden seien, wird der Traum jedoch wieder verscheucht. Die dritte Strophe enthält die Beschreibung eines Morgenidylls. Die Sterne werden noch im Wasser reflektiert, und Nebel steigt aus dem See, während der Morgenwind sich erhebt und sich Früchte im Wasser spiegeln. Auch wenn der Text auf der Handlungsebene wenig ergiebig ist, so lässt sich als Aussage **ein Lob der positiven Wirkung der Natur auf den Menschen** ermitteln.
Näheren Aufschluss über mögliche Sinndeutungsangebote erhält man, wenn man sich die **sprachlich-formale Gestaltung** und hier vor allem die Bildlichkeit ansieht:

- **Metrum**: Jambus in der ersten Strophe als lautliche Untermalung des Rudertakts, Trochäus in der zweiten Strophe als Ausdruck der veränderten Stimmung (Verlangsamung des Sprechens als Folge des Nachdenkens), in der dritten Strophe Trochäus zusammen mit einem daktylischen Metrum in V. 14, 16, 18, 20 als Ausdruck von feierlicher Beschwingtheit
- **Kreuzreim** und gleiche Verszahl in der ersten und dritten Strophe: Hinweis auf Zusammengehörigkeit (positive Grundstimmung); die zweite Strophe weist einen Paarreim auf und hat nur die Hälfte der Verse der ersten bzw. dritten Strophe: Hinweis auf kurzen, vorübergehenden Stimmungswechsel
- **Enjambement** (z. B. V. 1 f., 7 f. und v. a. V. 13–20): Betonung der Verbindung von ursprünglich Getrenntem; in V. 1 als Mittel, das den Vorgang des „Kraftschöpfens" verdeutlicht
- **Alliteration**: „Welle wieget" (V. 5): Verstärkung der wiegenden Bewegung

- zweite Strophe mit zwei Fragen und einem Befehl: verdeutlicht Entschlossenheit des Sprechers
- **positive Adjektive** wie z. B. „frische" (V. 1), „hold", „gut" (V. 3): Hinweis auf die belebende Kraft der Natur

Natur spendet Ruhe und Kraft

Das lyrische Ich formuliert die beruhigende und Lebenskraft spendende Wirkung der Natur auf den Menschen. Eine Sinndeutung könnte in einem ersten Ansatz auf aktuelle Probleme wie Urbanisierung (Verstädterung) und Massentourismus verweisen, die das ungetrübte Erleben der Natur immer seltener werden lassen. Eine solche Deutung mag zunächst abwegig bzw. ahistorisch erscheinen, wird jedoch plausibler, wenn man daran erinnert, dass Goethe durchaus bereits die zu seiner Zeit **beginnende Industrialisierung** literarisch reflektiert hat (vgl. z. B. *Faust II*, *Wilhelm Meisters Wanderjahre*). Eine biografische Deutung würde das Gedicht auf die Umbruchssituation in Goethes Leben beziehen: Das Erleben der Natur auf der Reise in die Schweiz bedeutete Klärung und Stärkung beim Treffen wichtiger Lebensentscheidungen.

Eine andere Deutung der Natur wird in der 1797 entstandenen Ballade *Der Zauberlehrling* thematisiert. War in der subjektiven Haltung von *Auf dem See* (1775) noch von der belebenden Wirkung der Natur die Rede, so zeigt sich bereits in der Ballade *Erlkönig* (1782) ihre **bedrohliche und dem Menschen überlegene Macht**. Dieser bedrohliche Zug der Natur wird in der Ballade *Der Zauberlehrling* wieder aufgegriffen. Die Natur rächt sich, wenn der Mensch versucht, ihre Ordnung zu stören:

Johann Wolfgang von Goethe:
***Der Zauberlehrling* (1797)**

Hat der alte Hexenmeister
Sich doch einmal wegbegeben!
Und nun sollen seine Geister
Auch nach meinem Willen leben.
Seine Wort' und Werke
Merkt' ich und den Brauch,
Und mit Geistesstärke
Tu' ich Wunder auch.

Walle! walle
Manche Strecke,
Dass zum Zwecke
Wasser fließe,
Und mit reichem, vollem Schwalle
Zu dem Bade sich ergieße!
Und nun komm, du alter Besen!

Nimm die schlechten Lumpenhüllen!
Bist schon lange Knecht gewesen;
Nun erfülle meinen Willen!
Auf zwei Beinen stehe,
Oben sei ein Kopf,
Eile nun und gehe
Mit dem Wassertopf!

Walle! walle
Manche Strecke,
Dass zum Zwecke,
Wasser fließe
Und mit reichem, vollem Schwalle
Zu dem Bade sich ergieße!

Seht, er läuft zum Ufer nieder;
Wahrlich! ist schon an dem Flusse,
Und mit Blitzesschnelle wieder
Ist er hier mit raschem Gusse.
Schon zum zweiten Male!
Wie das Becken schwillt!
Wie sich jede Schale
Voll mit Wasser füllt!

Stehe! stehe!
Denn wir haben
Deiner Gaben
Vollgemessen! –
Ach, ich merk es! Wehe! wehe!
Hab ich doch das Wort vergessen!

Ach, das Wort, worauf am Ende
Er das wird, was er gewesen!
Ach, er läuft und bringt behende!
Wärst du doch der alte Besen!
Immer neue Güsse
Bringt er schnell herein,
Ach! und hundert Flüsse
Stürzen auf mich ein!

Nein, nicht länger
Kann ich's lassen;
Will ihn fassen.
Das ist Tücke!
Ach, nun wird mir immer bänger!
Welche Miene! welche Blicke!

O, du Ausgeburt der Hölle!
Soll das ganze Haus ersaufen?
Seh' ich über jede Schwelle
Doch schon Wasserströme laufen.
Ein verruchter Besen,
Der nicht hören will!
Stock, der du gewesen,
Steh doch wieder still!

Willst's am Ende
Gar nicht lassen?
Will dich fassen,
Will dich halten
Und das alte Holz behende
Mit dem scharfen Beile spalten.

Seht, da kommt er schleppend wieder!
Wie ich mich nur auf dich werfe,
Gleich, o Kobold, liegst du nieder;

Krachend trifft die glatte Schärfe.
Wahrlich! brav getroffen!
Seht, er ist entzwei!
Und nun kann ich hoffen,
Und ich atme frei!

Wehe! wehe!
Beide Teile
Stehn in Eile
Schon als Knechte
Völlig fertig in die Höhe!
Helft mir, ach! ihr hohen Mächte!

Und sie laufen! Nass und nässer
Wird's im Saal und auf den Stufen.
Welch entsetzliches Gewässer!
Herr und Meister! Hör' mich rufen! –
Ach, da kommt der Meister!
Herr, die Not ist groß!
Die ich rief, die Geister,
Werd ich nun nicht los.

„In die Ecke,
Besen! Besen!
Seids gewesen!
Denn als Geister
Ruft euch nur, zu seinem Zwecke,
Erst hervor der alte Meister."

Es braucht einen weisen, menschlich gereiften Meister, der weiß, auf welche Weise er in die **Ordnung der Natur** eingreifen darf, damit die Natur dem Menschen dient, ohne dass ihr gefährliches Potenzial geweckt wird. Auch wenn die ideelle Thematik der Ballade im Vordergrund steht, so überwiegen in ihrer Darstellungsweise doch **narrative Elemente**: Die Vorstellung, dass an sich unbelebte Gegenstände plötzlich zum Leben erwachen und sich unkontrolliert selbstständig machen, ohne dass der Mensch eingreifen kann, wirkt spannungssteigernd und

Metapher für Umgang mit der Natur

lässt sich als Metapher für den leichtsinnigen Umgang des Menschen mit der Natur deuten. Die Folgen menschlicher Selbstüberschätzung werden gerade heute im Falle von **Naturkatastrophen** in Folge des vom Menschen verursachten Klimawandels deutlich. Die Ballade vom Zauberlehrling ist insofern typisch für Goethes klassische Zeit, als sie eine **einheitliche formale Gestaltung** (vier- bzw. dreihebige Trochäen und durchgehend Kreuzreim mit Ausnahme der Refrainstrophen) aufweist und eine **Geschichte als exemplarische Demonstration einer überzeitlichen Idee** verbindet. Von dem (für den Sturm und Drang typischen) subjektiven Erlebnis-Ton in dem Gedicht *Auf dem See* ist im *Zauberlehrling* nichts mehr zu sehen.

Um das Verhältnis des Menschen zur Natur geht es auch in dem dritten Gedichtbeispiel, das aus dem Jahr 1800 stammt. Wieder will ein lyrisches Ich die Natur beherrschen, diesmal jedoch durch die Kunst und auf eine vernünftige, von Einsicht und Weisheit bestimmte Weise. Die strenge formale Strukturierung als **Sonett** macht bereits formal den klassischen Gestaltungswillen deutlich. Das Sonett ist eine argumentierende lyrische Form und legt die Erwartung einer **abstrakt-gedanklichen Auseinandersetzung** mit dem Thema „Natur und Kunst" nahe:

Johann Wolfgang von Goethe:
***Natur und Kunst* (entst. 1800)**

Natur und Kunst, sie scheinen sich zu fliehen
Und haben sich, eh' man es denkt, gefunden
Der Widerwille ist auch mir verschwunden,
Und beide scheinen gleich mich anzuziehen.

Es gilt wohl nur ein redliches Bemühen
Und wenn wir erst in abgemessnen Stunden
Mit Geist und Fleiß uns an die Kunst gebunden
Mag frei Natur im Herzen wieder glühen.

So ist's mit aller Bildung auch beschaffen:
Vergebens werden ungebundne Geister
Nach der Vollendung reiner Höhe streben.

Wer Großes will, muss sich zusammenraffen
In der Beschränkung zeigt sich erst der Meister,
Und das Gesetz nur kann uns Freiheit geben.

Für den Sturm und Drang waren Natur und Kunst Gegensätze; das „Originalgenie" lehnte jede Einschränkung seiner freien Entfaltung durch Regeln oder Gesetze ab. Für den „klassischen" Goethe sind Regeln dagegen erst die Voraussetzung für künstlerische Gestaltung:
Im ersten Quartett wird die Beziehung zwischen Natur und Kunst thematisiert. Natur und Kunst scheinen Gegensätze zu sein, stehen sich jedoch zugleich nahe und erscheinen dem lyrischen Ich gleichermaßen anziehend. Das vollkommene künstlerische Bemühen, so drückt es das zweite Quartett aus, setzt die Natur im Herzen wieder frei, lässt somit durch die ästhetische Gestaltung hindurch das Natürliche hervortreten. Das Kunstwerk spricht das Gefühl in der Metapher des Herzens (vgl. V. 8) an. Die beiden Quartette formulieren somit das **Ideal einer gelungenen Synthese von Natur und Kunst.** Voraussetzung für das Entstehen einer solchen harmonischen Verbindung sind „Geist und Fleiß" (V. 7) des Künstlers.

Gesetz ermöglicht Freiheit

Die in den beiden Quartetten beschriebenen Prinzipien der ästhetischen Gestaltung werden in den Terzetten auf den Erwerb von Bildung allgemein übertragen. In der Form eines **Paradoxons** kondensieren diese Prinzipien zu einem typisch klassischen Credo: „In der Beschränkung zeigt sich erst der Meister,/Und das Gesetz nur kann uns Freiheit geben" (V. 13 f.). Diese Verse stellen sich deutlich **gegen das Primat eines Subjektivismus** in der Darstellung, wie er in dem Gedicht *Auf dem See* greifbar ist. Es geht nicht um die Wahrnehmung ungebundener, individueller Frei-

heit des Genies, wie die künstlerische Betätigung im Sturm und Drang konzipiert wurde (Schlagwort vom „Originalgenie"). Es geht vielmehr um eine klare Differenzierung, eine „Beschränkung" (V. 13) und Eingrenzung der Inhalte und Formen ästhetischer Betätigung: Das „Gesetz" (V. 14) ist das **Streben nach Vollkommenheit**, nach einer Harmonie auf der Basis des antiken Vorbilds.
Im Rahmen dieses Vollkommenheitsanspruches verbinden sich Pflicht und Neigung in der „schönen Seele" (Schiller). Sicherlich haben Goethes Gespräche mit Schiller mit zu der philosophisch-strengen, objektiv-allgemein gehaltenen Schlussformulierung geführt. Das zu wollen, was man wollen soll, ist der **Kern des idealistischen, auf der Philosophie Kants basierenden Sittlichkeitsprinzips**. Die ästhetische Gestaltung der Natur im dichterischen Kunstwerk wird so zu einem Beispiel eines harmonischen Verhältnisses von subjektivem Bedürfnis und gesetzmäßigen Vorgaben. Das artikulierte Bildungsideal ist der Kern des klassischen Humanitätsideals. Das Sonett als eine der strengsten lyrischen Formen gibt dem auch auf andere Lebensbereiche übertragbaren Gedanken, dass erst **Begrenzung und Bindung Freiheit** ermöglichen, den symbolischen Rahmen.

Stichworte:

- *Auf dem See:* Beispiel für Goethes Sturm und Drang-Lyrik, subjektive Naturerfahrung, positive, belebende, stärkende Wirkung der Natur
- *Der Zauberlehrling:* klassische Ballade, potenzielle Bedrohlichkeit der Natur, Weisheit im Umgang mit ihr nötig, einheitliche formale Gestaltung
- *Natur und Kunst*: klassisches Sonett, Ideal einer gelungenen Synthese von Natur und Kunst, endgültige Abwendung vom Subjektivismus, erst Begrenzung und Bindung führen zur Freiheit

1.3 Beispiel: *Gesang der Geister über den Wassern* (entst. 1779)

Des Menschen Seele
Gleicht dem Wasser:
Vom Himmel kommt es,
Zum Himmel steigt es,
Und wieder nieder
Zur Erde muss es
Ewig wechselnd.

Strömt von der hohen,
Steilen Felswand
Der reine Strahl,
Dann stäubt er lieblich
In Wolkenwellen
Zum glatten Fels,
Und leicht empfangen
Wallt er verschleiernd,
Leisrauschend
Zur Tiefe nieder.

Ragen Klippen
Dem Sturz entgegen,
Schäumt er unmutig
Stufenweise
Zum Abgrund.

Im flachen Bette
Schleicht er das Wiesental hin,
Und in dem glatten See
Weiden ihr Antlitz
Alle Gestirne.

Wind ist der Welle
Lieblicher Buhler;
Wind mischt vom Grund aus
Schäumende Wogen.

Seele des Menschen,
Wie gleichst du dem Wasser!
Schicksal des Menschen,
Wie gleichst du dem Wind!

Goethes Seelen-Verständnis

Goethe schrieb dieses Gedicht am 14. Oktober 1779 während seiner zweiten Schweizer Reise in Lauterbrunnen beim Anblick des Staubbach-Wasserfalls; er schickte es seiner Weimarer Vertrauten und platonischen Freundin Charlotte von Stein. Das Gedicht ist als Rollengedicht, als Gesang von „Geistern", konzipiert, inhaltlich-thematisch dreht es sich um Goethes **Verständnis der „Seele"**, die mit dem Kreislauf des Wassers verglichen wird: Die Seele des Menschen befindet sich wie das Wasser in einem ewigen Kreislauf vom Himmel zur Erde und wieder zurück. Das Wasser stürzt von einem Wasserfall hinab, Dampf steigt den Fels empor, das Wasser fließt weiter. Klippen bewirken ein Aufschäumen des Wassers. Das Wasser fließt in einem flachen Flussbett durch ein Tal und mündet in einen See, in dem sich die Sterne spiegeln. Der Wind erzeugt Wellen auf dem Wasser. Die Seele des Menschen gleicht dem Wasser, das Schicksal des Menschen gleicht dem Wind.

Es lassen sich die folgenden **sprachlichen und formalen Mittel** feststellen:

- 6 Strophen von unterschiedlicher Länge
- freie Rhythmen, meist zweihebig, nur V. 24 f. dreihebig als Ausdruck des langsamen Dahinfließens
- **Assonanzen**: z. B. der Binnenreim „wieder", „nieder" (V. 5), „ewig wechselnd" (V. 7), „unmutig", „stufenweise", „zum Abgrund" (V. 20–22)
- Alliterationen: „Erde", „ewig" (V. 6 f.), St-Alliterationen in V. 8–11, W-Alliterationen in „Wind", „Welle", „Wogen", „Wasser" (V. 28 und V. 33)
- **Parallelismus**: „Vom Himmel kommt es,/Zum Himmel steigt es" (V. 3 f.), Zusammenhang zwischen Menschlichem und Göttlichem, Regelmäßigkeit des kreislaufartigen Geschehens

Die folgenden **Naturbeobachtungen** lassen sich mit dem Ablauf des menschlichen Lebens zusammenbringen:

- Bild des Wasserfalls: Jugend
- Bild der Klippen: Gefährdungen des Lebens
- Bild der verlangsamten Bewegung: das Älter-Werden
- Bild der gespiegelten Gestirne: Verbindung des Göttlichen mit dem Menschlichen, alles Lebendige als Hinweis auf göttlichen Schöpfer
- Bild des Windes und des Wassers: Wind als Schicksal des Menschen, manchmal freundlich, manchmal feindlich, Wasser als Seele des Menschen

Als Gedicht aus der Frühklassik enthält der *Gesang* manche **Parallelen zu anderen Natur- und Weltanschauungsgedichten Goethes**: Die Seele wird von Goethe dem irdischen wie dem göttlichen Reich zugewiesen, sie erfüllt damit seine Vorstellung einer Emanation Gottes, wie er sie beispielsweise in *Grenzen der Menschheit* (entst. 1781) ausdrückt. Auch das Bild des ewigen Kreislaufs (vgl. V. 7) und die Ring-Symbolik tauchen in *Grenzen der Menschheit* wieder auf: „Ein kleiner Ring/Begrenzt unser Leben,/Und viele Geschlechter/Reihen sich dauernd/An ihres Daseins/Unendliche Kette" (Goethe, *Grenzen der Menschheit*, V. 36–41, vgl. Kap. 1.5 im zweiten Teil dieser Erläuterung).

ewiger Kreislauf und Ring-Symbolik

Das **Naturbild** im *Gesang* schließlich ähnelt dem Bild, das Goethe in dem 1783 entstandenen Gedicht *Das Göttliche* zeichnet, in dem der Wind als Schicksal begriffen wird: „Wind und Ströme,/Donner und Hagel/Rauschen ihren Weg/Und ergreifen/Vorüber eilend/Einen um den andern" (Goethe, *Das Göttliche*, V. 20–25).

Stichworte:

- Vergleich der „Seele" bzw. des Menschenlebens mit dem ewigen Kreislauf des Wassers
- Rollengedicht: Gesang der Geister
- Zusammenhang zwischen dem Menschlichen und dem Göttlichen
- Wasserfall steht für Jugend, Klippen für Gefährdungen des Lebens, allmähliches Verströmen in See: Altern des Menschen
- Parallelen zu anderen klassischen Natur- und Weltanschauungsgedichten Goethes (ewiger Kreislauf, Ring-Symbolik)

1.4 Beispiel: *Mignon* (entst. 1782)

Kennst du das Land, wo die Zitronen blühn,
Im dunkeln Laub die Gold-Orangen glühn,
Ein sanfter Wind vom blauen Himmel weht,
Die Myrte still und hoch der Lorbeer steht,
Kennst du es wohl?
Dahin! Dahin
Möcht' ich mit dir, o mein Geliebter, ziehn!

Kennst du das Haus? auf Säulen ruht sein Dach,
Es glänzt der Saal, es schimmert das Gemach,
Und Marmorbilder stehn und sehn mich an:
Was hat man dir, du armes Kind, getan?
Kennst du es wohl?
Dahin! Dahin
Möcht' ich mit dir, o mein Beschützer, ziehn!

Kennst du den Berg und seinen Wolkensteg?
Das Maultier sucht im Nebel seinen Weg;
In Höhlen wohnt der Drachen alte Brut;
Es stürzt der Fels und über ihn die Flut:
Kennst du ihn wohl?
Dahin! Dahin
Geht unser Weg; o Vater, lass uns ziehn!

frühe Italien-Sehnsucht Goethes

Die Italien-Reise (1786–1788) markiert den endgültigen Beginn der klassischen Phase im Werk Goethes. Die Sehnsucht nach diesem Land, dem Süden und der Antike offenbart sich jedoch schon in früheren Texten Goethes. Ein Beispiel dafür ist das vermutlich 1782 entstandene Gedicht *Mignon*, das bereits im „Ur-Meister", dem Roman *Wilhelm Meisters theatralische Sendung* (1785), am Anfang des 4. Buches erscheint und dann nahezu identisch in *Wilhelm Meisters Lehrjahre* (1795/1796) am Beginn des 3. Buches steht. Die Figuren des Harfners und der Mignon sind als **Ausdrucksformen des Goetheschen Selbst** zu verstehen; sie können jedoch auch als Personifikationen des Menschlichen überhaupt gesehen werden. Es ist in Goethes Lyrik ab 1782 das Bestreben erkennbar, aus der eingenommenen Perspektive einer Figur Allgemeingültiges auszudrücken. Mignon im Roman ist eine frühreife Kindfrau von zunächst rätselhafter Herkunft, die die Sehnsucht nach Italien verkörpert.

Das Gedicht selbst stellt einen **Monolog Mignons** dar, mit dem sie ein Gegenüber als ihren Geliebten, Beschützer und Vater anspricht und ihn dreimal auffordert, mit ihr in das Land zu ziehen, dem ihre Sehnsucht gilt. In **drei Strophen**, die mit einem fünfhebigen Jambus metrisch klar umfasst sind, drückt sie mit der Beschreibung der Natur (Strophe 1), der Kunst (Strophe 2) und des gefährlichen Weges über die Alpen (Strophe 3) ihren Wunsch aus, in dieses Land zu reisen. Sie artikuliert den Wunsch jeweils refrainartig im fünften ausnahmsweise vierhebigen Vers jeder Strophe durch eine dreimal wiederholte Frage und eine dreimal wiederholte Aufforderung. Die durch die Wiederholungen erzeugte Monotonie forciert die Dringlichkeit, mit der das Anliegen vorgebracht wird.

Das Gedicht lässt sich als ein Ausdruck von Goethes Italien-Sehnsucht während seines ersten Jahrzehnts in der sächsischen Residenzstadt begreifen. Italien gilt Goethe als **geistige Heimat der Kunst**, als Ort, wo die **Antike lebendig** ist. Die Kindfrau Mignon lässt sich als eine Art „Abgesandte" dieses Landes begreifen.

Goethe verwendet in seinem *Wilhelm Meister*-Roman für die Beschreibung des Landes Ausdrücke, die auch später in seinen Werken in Zusammenhang mit Italien stehen. Beispiele dafür sind die **metaphorischen Elemente der Naturbeschreibung** in der ersten Strophe („Zitronen", „Orangen", „Myrte", „Lorbeer"). Mit diesen Ausdrücken beschreibt Goethe auch im *Tasso* das südliche Land. Die „Steine" und „Marmorbilder" der zweiten Strophe sind Hinweise auf die antiken Überreste; ihre Personifikation in dem Vers: „Und Marmorbilder stehn und sehn mich an" (V. 10) wirkt eindringlich und begründet die Frage, die Mignon an sich selbst stellt: „Was hat man dir, du armes Kind, getan?" (V. 11). Ganz ähnlich erfährt auch das lyrische Ich in den *Römischen Elegien* (entst. 1788/1790), einem Zyklus von 24 Gedichten, die Begegnung mit der Antike. Die Personifikation der Steine verstärkt hier ebenfalls den **Eindruck der lebendigen Vergangenheit** (vgl. V. 1 f.).

Johann Wolfgang von Goethe:
***Römische Elegien I* (entst. 1788/1790)**

Saget, Steine, mir an, o sprecht, ihr hohen Paläste!
    Straßen, redet ein Wort! Genius, regst du dich nicht?
Ja, es ist alles beseelt in deinen heiligen Mauern,
    Ewige Roma; nur mir schweiget noch alles so still.
O wer flüstert mir zu, an welchem Fenster erblick' ich
    Einst das holde Geschöpf, das mich versengend erquickt?
Ahn' ich die Wege noch nicht, durch die ich immer und immer,
    Zu ihr und von ihr zu gehn, opfre die köstliche Zeit?
Noch betracht' ich Kirch' und Palast, Ruinen und Säulen,
    Wie ein bedächtiger Mann schicklich die Reise benutzt.
Doch bald ist es vorbei: dann wird ein einziger Tempel,
    Amors Tempel nur sein, der den Geweihten empfängt.
Eine Welt zwar bist du, o Rom; doch ohne die Liebe
    Wäre die Welt nicht die Welt, wäre denn Rom auch nicht Rom.

Römische Elegien

Die *Römischen Elegien* entstanden in der Zeit nach Goethes Rückkehr aus Italien und sind das erste Werk, mit dem er sich bewusst in die antike Tradition stellte. Elegien sind meist Klagelieder und in Distichen (zweizeilige Strophen aus Hexameter und Pentameter) abgefasst. Die Erinnerung an die Elegien Ovids führte nach Goethes Rückkehr aus Rom zu dem Entschluss, seine Erfahrungen in elegischer Form zu gestalten. Dabei sind seine *Römischen Elegien* keine Trauerklagen, sondern eher **Idyllik**. Die erste Elegie führt in den Schauplatz ein, thematisiert den Wunsch, mit dem Geist

der Antike in Kontakt zu treten und erinnert am Ende bereits an die (auch körperliche) Liebe, die von Anfang an als essenzieller Teil der Stadt und der Antike-Erfahrung betrachtet wird. Der Wunsch des lyrischen Ichs besteht in einer von Antike und Liebe bewirkten geistig-körperlichen Wiedergeburt.
Die weiteren Elegien handeln von der antiken Mythologie, von ausgewählten Schauplätzen Roms und natürlich von der bereits in der ersten Elegie angesprochenen **Liebe**. Insbesondere die (berühmt gewordene) fünfte Elegie widmet sich diesem Thema ausführlich:

Johann Wolfgang von Goethe:
***Römische Elegien V* (entst. 1788/1790)**

Froh empfind' ich mich nun auf klassischem Boden begeistert,
    Vor- und Mitwelt spricht lauter und reizender mir.
Hier befolg' ich den Rat, durchblättre die Werke der Alten
    Mit geschäftiger Hand, täglich mit neuem Genuss.
Aber die Nächte hindurch hält Amor mich anders beschäftigt;
    Werd' ich auch halb nur gelehrt, bin ich doch doppelt beglückt.
Und belehr' ich mich nicht, indem ich des lieblichen Busens
    Formen spähe, die Hand leite die Hüften hinab?
Dann versteh' ich den Marmor erst recht: ich denk' und vergleiche,
    Sehe mit fühlendem Aug', fühle mit sehender Hand.
Raubt die Liebste denn gleich mir einige Stunden des Tages,
    Gibt sie Stunden der Nacht mir zur Entschädigung hin.
Wird doch nicht immer geküsst, es wird vernünftig gesprochen;
    Überfällt sie der Schlaf, lieg' ich und denke mir viel.
Oftmals hab' ich auch schon in ihren Armen gedichtet
    Und des Hexameters Maß leise mit fingernder Hand
Ihr auf den Rücken gezählt. Sie atmet in lieblichem Schlummer,
    Und es durchglühet ihr Hauch mir bis ins Tiefste die Brust.
Amor schüret die Lamp' indes und denket der Zeiten,
    Da er den nämlichen Dienst seinen Triumvirn[30] getan.

30 Gemeint sind die „drei Männer" Catull, Tibull und Properz, die römischen Liebeslyriker, deren Werke zu Goethes Zeiten oft in einem Band gedruckt wurden.

Bildungsreise und erotisches Abenteuer

Liebe wird als Bildungsmacht begriffen, sie öffnet dem Künstler den Zugang zur Kunst, Bildungsreise und erotisches Abenteuer werden endgültig eins. Vor diesem Hintergrund wird verständlich, warum Goethe die Gedichte dieses Zyklus ursprünglich *Erotica Romana* nannte und ihnen erst 1806 ihre endgültige Bezeichnung gab.

Stichworte:

- *Mignon* als frühes Beispiel für Goethes Italien-Sehnsucht
- frühreife Kindfrau als Personifikation dieser Sehnsucht und Abgesandte dieses Landes
- Italien als geistige Heimat der Kunst
- Personifikation der Marmorsteine verstärkt Eindruck der lebendigen Vergangenheit
- *Römische Elegien* bezeugen Wunsch nach einer von Antike und Liebe bewirkten geistig-körperlichen Wiedergeburt
- V. Elegie als Beispiel für Goethes erotische Lyrik

1.5 Beispiel: *Das Göttliche* (entst. 1783)

Edel sei der Mensch,
Hilfreich und gut!
Denn das allein
Unterscheidet ihn
Von allen Wesen,
Die wir kennen.

Heil den unbekannten
Höhern Wesen,
Die wir ahnen!
Ihnen gleiche der Mensch;
Sein Beispiel lehr' uns
Jene glauben.

Denn unfühlend
Ist die Natur:
Es leuchtet die Sonne
Über Bös' und Gute,
Und dem Verbrecher
Glänzen wie dem Besten
Der Mond und die Sterne.

Wind und Ströme,
Donner und Hagel
Rauschen ihren Weg
Und ergreifen
Vorüber eilend
Einen um den andern.

Auch so das Glück
Tappt unter die Menge,
Fasst bald des Knaben
Lockige Unschuld,
Bald auch den kahlen
Schuldigen Scheitel.

Nach ewigen, ehrnen,
Großen Gesetzen
Müssen wir alle
Unseres Daseins
Kreise vollenden

Nur allein der Mensch
Vermag das Unmögliche:
Er unterscheidet,
Wählet und richtet;
Er kann dem Augenblick
Dauer verleihen.

Er allein darf
Den Guten lohnen,
Den Bösen strafen,
Heilen und retten,
Alles Irrende, Schweifende
Nützlich verbinden.

Und wir verehren
Die Unsterblichen,
Als wären sie Menschen,
Täten im Großen,
Was der Beste im Kleinen
Tut oder möchte.

Der edle Mensch
Sei hilfreich und gut!
Unermüdet schaff' er
Das Nützliche, Rechte,
Sei uns ein Vorbild
Jener geahneten Wesen!

klassische Gedankenlyrik

Das 1783 entstandene Gedicht *Das Göttliche* gehört zur klassischen Gedankenlyrik Goethes. Der Dichter hat zu dieser Zeit die Sturm-und-Drang-Periode längst hinter sich gelassen und formuliert das Menschenbild der Klassik. Inhaltlich geht es um das **Verhältnis zwischen Menschen und höheren Wesen** sowie um das idealistische Sittengesetz, wie Kant es formulierte.
Der Aufbau der insgesamt **zehn Strophen** ist inhaltlich klar strukturiert: Die erste und die zehnte Strophe bilden durch den Appell an den Menschen, hilfreich und gut zu sein, einen Rahmen.

- Strophe 1: Appell, hilfreich und gut zu sein im Bewusstsein, dass es das ist, was den Menschen vom Tier unterscheidet.
- Strophe 2: Begrüßung der erahnten höheren Wesen; das Leben des guten Menschen soll glaubensstärkend wirken.

- Strophe 3: Natur nimmt im Unterschied zum Menschen keine moralische Bewertung vor.
- Strophe 4: Beweis: Naturereignisse wie Wind und Gewitter treffen gute wie schlechte Menschen gleichermaßen.
- Strophe 5: Auch das Glück macht keinen Unterschied zwischen guten und schlechten Menschen.
- Strophe 6: Ewige Gesetze bestimmen den Verlauf des menschlichen Lebens.
- Strophe 7 und 8: Der Mensch allein kann eine moralische Wertung vornehmen, eine Strafe aussprechen und das Nützliche fördern (Mensch als Vernunftwesen).
- Strophe 9: Menschen verehren Götter als absolute Realisierung dessen, was der vorbildhafte Mensch vermag.
- Strophe 10: Der Mensch soll im Kleinen ein Vorbild dieser großen Götter sein. Dazu soll er hilfreich und edel sein und sich unermüdlich um das Gute bemühen.

Als Aussage lässt sich formulieren: Die **Ahnung** ermöglicht dem sterblichen, unvollkommenen Menschen zumindest eine Vorstellung vom Göttlichen, Vollkommenen. Das Streben des Menschen nach dem Göttlichen ist sein herausragender Wesenszug, der ihn von der Natur unterscheidet, und ist als moralischer Anspruch, als ethischer Appell, zu verstehen.

Die literarhistorische Einordnung in die Epoche der Frühklassik lässt sich folgendermaßen begründen:

- Götter dienen dem Menschen als Vorbilder für gutes Handeln (vgl. V. 7–13): Damit steht *Das Göttliche* im klaren Gegensatz zu Goethes Sturm und Drang-Gedicht *Prometheus* (entst. 1772–1774), in dem das gegen alle metaphysische Bevormundung revoltierende lyrische Ich (Prometheus) die Götter anklagt und verspottet („Ich kenne nichts Ärmer's/ Unter der Sonn' als euch Götter" (V. 13–14).
- Der Mensch ist ewigen Gesetzen unterworfen, die er nicht beeinflussen kann (vgl. V. 32 ff.).

Humanität

- Besonders in der letzten Strophe kommt der **sittliche Idealismus der Klassik** zum Ausdruck, der **Glaube an die reine Menschlichkeit** (Humanität) wird im Begriff „der edle Mensch" (V. 55) zusammengefasst. Der edle Mensch ist nach Kant derjenige, der das Sittengesetz des vernunftbegabten Menschen verkörpert. In seiner *Grundlegung zur Metaphysik der Sitten* (1785) formuliert Kant den Kategorischen Imperativ so: „Handle so, dass du die Menschheit sowohl in deiner Person als in der Person eines jeden anderen jederzeit zugleich als Zweck, niemals bloß als Mittel brauchest"[31].
- Es herrscht das Primat der Vernunft, die richtet und steuert, mit dem Ziel der Erschaffung des Nützlichen (vgl. V. 48 und V. 58).
- Die Einordnung in die Frühklassik ist auch inhaltlich begründbar: Schillers Vorstellung des erhabenen Menschen, in dem Pflicht und Neigung harmonisch zusammenfallen und der als „schöne Seele" bezeichnet wird, klingt in *Das Göttliche* noch nicht an. Ebenso ist von Schillers Vorstellung von einer Bildungsaufgabe der Kunst, der ästhetischen Erziehung, die den Menschen zur „schönen Seele" macht, wie er sie in *Über Anmut und Würde* (1793) oder in *Über die ästhetische Erziehung des Menschen* (1795) formuliert, noch keine Rede.
- Die idealistische Vorstellung, dass die Verbesserung des einzelnen Menschen schließlich zur Verbesserung der Gesellschaft führt, lässt sich zumindest in Andeutungen den letzten beiden Strophen entnehmen.

Das Verhältnis des Menschen zum Göttlichen wird auch in einem anderen Gedicht Goethes aus der Zeit der Frühklassik thematisiert. In *Grenzen der Menschheit* wird die Warnung ausgesprochen, der Mensch solle nicht versuchen, sich mit den Göttern zu vergleichen (vgl. V. 11–20). Während die Götter ewig seien,

31 Kant, S. 61.

müsse sich der Mensch seine eigene Vergänglichkeit bewusst machen, die ihn von jenen unterscheidet (vgl. V. 29–36). Ehrfurcht solle das den Menschen bestimmende Gefühl gegenüber den transzendenten Mächten sein (vgl. V. 9), nicht Vermessenheit. Von dem aus dieser Haltung resultierenden sittlichen Appell, wie er in *Das Göttliche* formuliert wird, ist noch nicht die Rede; gedanklich wird er jedoch bereits vorbereitet.

Johann Wolfgang von Goethe:
***Grenzen der Menschheit* (entst. 1781)**

Wenn der uralte
Heilige Vater
Mit gelassener Hand
Aus rollenden Wolken
Segnende Blitze
Über die Erde sät.
Küss' ich den letzten
Saum seines Kleides,
Kindliche Schauer
Treu in der Brust.

Denn mit den Göttern
Soll sich nicht messen
Irgendein Mensch.
Hebt er sich aufwärts
Und berührt
Mit dem Scheitel die Sterne
Nirgends haften dann
Die unsichern Sohlen,
Und mit ihm spielen
Wolken und Winde.

Steht er mit festen,
Markigen Knochen
Auf der wohlgegründeten
Dauernden Erde,
Reicht er nicht auf,
Nur mit der Eiche
Oder der Rebe
Sich zu vergleichen.

Was unterscheidet
Götter von Menschen?
Dass viele Wellen
Vor jenen wandeln,
Ein ewiger Strom:
Uns hebt die Welle,
Verschlingt die Welle,
Und wir versinken.

Ein kleiner Ring
Begrenzt unser Leben,
Und viele Geschlechter
Reihen sich dauernd
An ihres Daseins
Unendliche Kette.

Stichworte:

- Beispiel für Goethes klassische Gedankenlyrik
- Themen: Verhältnis zwischen dem Menschen und dem Göttlichen sowie Sittengesetz
- Streben des Menschen nach dem Göttlichen als herausragender Wesenszug, der ihn von der Natur unterscheidet
- Humanität: Glaube an reine Menschlichkeit
- keine Selbstbehauptung gegen Götter wie noch im Sturm und Drang
- Mensch ist ewigen Gesetzen unterworfen
- Primat der Vernunft

1.6 Beispiel: *Der Gott und die Bajadere* (1797) und *Die Braut von Korinth* (1797)

Johann Wolfgang von Goethe:
Der Gott und die Bajadere
Indische Legende

Mahadöh[32], der Herr der Erde,
Kommt herab zum sechsten Mal,
Dass er unsersgleichen werde,
Mitzufühlen Freud' und Qual.
Er bequemt sich, hier zu wohnen,
Lässt sich alles selbst geschehn;
Soll er strafen oder schonen,
Muss er Menschen menschlich sehn.
Und hat er die Stadt sich als Wandrer betrachtet,
Die Großen belauert, auf Kleine geachtet,
Verlässt er sie abends, um weiter zu gehen.

32 Mahadö: großer Gott, Beiname Shivas.

Als er nun hinausgegangen,
Wo die letzten Häuser sind,
Sieht er, mit gemalten Wangen,
Ein verlornes schönes Kind:
„Grüß' dich, Jungfrau!" – „Dank der Ehre!
Wart', ich komme gleich hinaus." –
„Und wer bist du?" – „Bajadere[33],
Und dies ist der Liebe Haus."
Sie rührt sich, die Zimbeln zum Tanze zu schlagen;
Sie weiß sich so lieblich im Kreise zu tragen,
Sie neigt sich und biegt sich und reicht ihm den Strauß.

Schmeichelnd zieht sie ihn zur Schwelle,
Lebhaft ihn ins Haus hinein.
„Schöner Fremdling, lampenhelle
Soll sogleich die Hütte sein.
Bist du müd', ich will dich laben,
Lindern deiner Füße Schmerz.
Was du willst, das sollst du haben,
Ruhe, Freuden oder Scherz."
Sie lindert geschäftig geheuchelte Leiden.
Der Göttliche lächelt; er siehet mit Freuden
Durch tiefes Verderben ein menschliches Herz.

Und er fordert Sklavendienste;
Immer heitrer wird sie nur,
Und des Mädchens frühe Künste
Werden nach und nach Natur.
Und so stellet auf die Blüte
Bald und bald die Frucht sich ein;
Ist Gehorsam im Gemüte,
Wird nicht fern die Liebe sein.
Aber, sie schärfer und schärfer zu prüfen,
Wählet der Kenner der Höhen und Tiefen
Lust und Entsetzen und grimmige Pein.

Und er küsst die bunten Wangen,
Und sie fühlt der Liebe Qual,

33 Bajadere: indische Tempeltänzerin, wohl auch Prostituierte.

Und das Mädchen steht gefangen,
Und sie weint zum ersten Mal;
Sinkt zu seinen Füßen nieder,
Nicht um Wollust noch Gewinst[34],
Ach! und die gelenken Glieder,
Sie versagen allen Dienst.
Und so zu des Lagers vergnüglicher Feier
Bereiten den dunkeln behaglichen Schleier
Die nächtlichen Stunden das schöne Gespinst.

Spät entschlummert unter Scherzen,
Früh erwacht nach kurzer Rast,
Findet sie an ihrem Herzen
Tot den vielgeliebten Gast.
Schreiend stürzt sie auf ihn nieder;
Aber nicht erweckt sie ihn,
Und man trägt die starren Glieder
Bald zur Flammengrube hin.
Sie höret die Priester, die Totengesänge,
Sie raset und rennet und teilet die Menge.
„Wer bist du? was drängt zu der Grube dich hin?"

Bei der Bahre stürzt sie nieder,
Ihr Geschrei durchdringt die Luft:
„Meinen Gatten will ich wieder!
Und ich such' ihn in der Gruft.
Soll zu Asche mir zerfallen
Dieser Glieder Götterpracht?
Mein! er war es, mein vor allen!
Ach, nur Eine süße Nacht!"
Es singen die Priester: „Wir tragen die Alten,
Nach langem Ermatten und spätem Erkalten,
Wir tragen die Jugend, noch eh' sie's gedacht.

Höre deiner Priester Lehre:
Dieser war dein Gatte nicht.
Lebst du doch als Bajadere,
Und so hast du keine Pflicht

34 Gewinst: Gewinn.

Nur dem Körper folgt der Schatten
In das stille Totenreich;
Nur die Gattin folgt dem Gatten:
Das ist Pflicht und Ruhm zugleich.
Ertöne, Drommete[35], zu heiliger Klage!
O nehmet, ihr Götter! die Zierde der Tage,
O nehmet den Jüngling in Flammen zu euch!"

So das Chor, das ohn' Erbarmen
Mehret ihres Herzens Not;
Und mit ausgestreckten Armen
Springt sie in den heißen Tod.
Doch der Götterjüngling hebet
Aus der Flamme sich empor,
Und in seinen Armen schwebet
Die Geliebte mit hervor.
Es freut sich die Gottheit der reuigen Sünder;
Unsterbliche heben verlorene Kinder
Mit feurigen Armen zum Himmel empor.

Johann Wolfgang von Goethe:
Die Braut von Korinth
Romanze

Nach Korinthus von Athen gezogen
Kam ein Jüngling, dort noch unbekannt.
Einen Bürger hofft' er sich gewogen;
Beide Väter waren gastverwandt,
Hatten frühe schon
Töchterchen und Sohn
Braut und Bräutigam voraus genannt.

Aber wird er auch willkommen scheinen,
Wenn er teuer nicht die Gunst erkauft?
Er ist noch ein Heide mit den Seinen,
Und sie sind schon Christen und getauft.
Keimt ein Glaube neu,
Wird oft Lieb' und Treu'

35 Drommete: Trompete.

Wie ein böses Unkraut ausgerauft.
Und schon lag das ganze Haus im Stillen,
Vater, Töchter, nur die Mutter wacht;
Sie empfängt den Gast mit bestem Willen,
Gleich ins Prunkgemach wird er gebracht.
Wein und Essen prangt,
Eh' er es verlangt;
So versorgend wünscht sie gute Nacht.

Aber bei dem wohlbestellten Essen
Wird die Lust der Speise nicht erregt;
Müdigkeit lässt Speis' und Trank vergessen,
Dass er angekleidet sich aufs Bette legt;
Und er schlummert fast,
Als ein seltner Gast
Sich zur offnen Tür herein bewegt.

Denn er sieht, bei seiner Lampe Schimmer
Tritt, mit weißem Schleier und Gewand,
Sittsam still ein Mädchen in das Zimmer,
Um die Stirn ein schwarz- und goldnes Band.
Wie sie ihn erblickt,
Hebt sie, die erschrickt,
Mit Erstaunen eine weiße Hand.

„Bin ich", rief sie aus, „so fremd im Hause,
Dass ich von dem Gaste nichts vernahm?
Ach, so hält man mich in meiner Klause!
Und nun überfällt mich hier die Scham.
Ruhe nur so fort
Auf dem Lager dort,
Und ich gehe schnell, so wie ich kam."

„Bleibe, schönes Mädchen!", ruft der Knabe,
Rafft von seinem Lager sich geschwind:
„Hier ist Ceres', hier ist Bacchus' Gabe;
Und du bringst den Amor, liebes Kind!
Bist vor Schrecken blass!
Liebe, komm und lass,
Lass uns sehn, wie froh die Götter sind!"

„Ferne bleib, o Jüngling! bleibe stehen!
Ich gehöre nicht den Freuden an.

Schon der letzte Schritt ist, ach! geschehen
Durch der guten Mutter kranken Wahn,
Die genesend schwur:
Jugend und Natur
Sei dem Himmel künftig untertan.

Und der alten Götter bunt Gewimmel
Hat sogleich das stille Haus geleert.
Unsichtbar wird Einer nur im Himmel
Und ein Heiland wird am Kreuz verehrt;
Opfer fallen hier,
Weder Lamm noch Stier,
Aber Menschenopfer unerhört."

Und er fragt und wäget alle Worte,
Deren keines seinem Geist entgeht.
Ist es möglich, dass am stillen Orte
Die geliebte Braut hier vor mir steht?
„Sei die Meine nur!
Unsrer Väter Schwur
Hat vom Himmel Segen uns erfleht."

„Mich erhältst du nicht, du gute Seele!
Meiner zweiten Schwester gönnt man dich.
Wenn ich mich in stiller Klause quäle,
Ach! in ihren Armen denk' an mich,
Die an dich nur denkt,
Die sich liebend kränkt;
In die Erde bald verbirgt sie sich."

„Nein! bei dieser Flamme sei's geschworen,
Gütig zeigt sie Hymen[36] uns voraus,
Bist der Freude nicht und mir verloren,
Kommst mit mir in meines Vaters Haus.
Liebchen, bleibe hier!
Feire gleich mit mir
Unerwartet unsern Hochzeitschmaus!"

Und schon wechseln sie der Treue Zeichen:
Golden reicht sie ihm die Kette dar,
Und er will ihr eine Schale reichen,

36 Hymnen: griech. Hochzeitsgott.

Silbern, künstlich, wie nicht eine war.
„Die ist nicht für mich;
Doch, ich bitte dich,
Eine Locke gib von deinem Haar."

Eben schlug die dumpfe Geisterstunde,
Und nun schien es ihr erst wohl zu sein.
Gierig schlürfte sie mit blassem Munde
Nun den dunkel blutgefärbten Wein;
Doch vom Weizenbrot,
Das er freundlich bot,
Nahm sie nicht den kleinsten Bissen ein.

Und dem Jüngling reichte sie die Schale,
Der, wie sie, nun hastig lüstern trank.
Liebe fordert er beim stillen Mahle;
Ach, sein armes Herz war liebekrank.
Doch sie widersteht,
Wie er immer fleht,
Bis er weinend auf das Bette sank.

Und sie kommt und wirft sich zu ihm nieder:
„Ach, wie ungern seh' ich dich gequält!
Aber, ach! berührst du meine Glieder,
Fühlst du schaudernd, was ich dir verhehlt.
Wie der Schnee so weiß,
Aber kalt wie Eis
Ist das Liebchen, das du dir erwählt."

Heftig fasst er sie mit starken Armen,
Von der Liebe Jugendkraft durchmannt:
„Hoffe doch bei mir noch zu erwarmen,
Wärst du selbst mir aus dem Grab gesandt!"
Wechselhauch und Kuss!
Liebesüberfluss!
„Brennst du nicht und fühlest mich entbrannt?"

Liebe schließet fester sie zusammen,
Tränen mischen sich in ihre Lust;
Gierig saugt sie seines Mundes Flammen,
Eins ist nur im andern sich bewusst.
Seine Liebeswut

Wärmt ihr starres Blut;
Doch es schlägt kein Herz in ihrer Brust.

Unterdessen schleichet auf dem Gange
Häuslich spät die Mutter noch vorbei,
Horchet an der Tür und horchet lange,
Welch ein sonderbarer Ton es sei:
Klag- und Wonnelaut
Bräutigams und Braut
Und des Liebestammelns Raserei.

Unbeweglich bleibt sie an der Türe,
Weil sie erst sich überzeugen muss,
Und sie hört die höchsten Liebesschwüre,
Lieb' und Schmeichelworte mit Verdruss–
„Still! der Hahn erwacht!" –
„Aber morgen Nacht
Bist du wieder da?" – und Kuss auf Kuss.

Länger hält die Mutter nicht das Zürnen,
Öffnet das bekannte Schloss geschwind:
„Gibt es hier im Hause solche Dirnen,
Die dem Fremden gleich zu Willen sind?"
So zur Tür hinein.
Bei der Lampe Schein
Sieht sie – Gott! sie sieht ihr eigen Kind.

Und der Jüngling will im ersten Schrecken
Mit des Mädchens eignem Schleierflor,
Mit dem Teppich die Geliebte decken;
Doch sie windet gleich sich selbst hervor.
Wie mit Geists Gewalt
Hebet die Gestalt
Lang und langsam sich im Bett empor.

„Mutter! Mutter!", spricht sie hohle Worte,
„So missgönnt Ihr mir die schöne Nacht!
Ihr vertreibt mich von dem warmen Orte,
Bin ich zur Verzweiflung nur erwacht?
Ist's Euch nicht genug,
Dass ins Leichentuch,
Dass Ihr früh mich in das Grab gebracht?

Aber aus der schwerbedeckten Enge
Treibet mich ein eigenes Gericht.
Eurer Priester summende Gesänge
Und ihr Segen haben kein Gewicht;
Salz und Wasser kühlt
Nicht, wo Jugend fühlt;
Ach! die Erde kühlt die Liebe nicht!

Dieser Jüngling war mir erst versprochen,
Als noch Venus‘ heitrer Tempel stand.
Mutter, habt Ihr doch das Wort gebrochen,
Weil ein fremd, ein falsch Gelübd‘ Euch band!
Doch kein Gott erhört,
Wenn die Mutter schwört,
Zu versagen ihrer Tochter Hand.

Aus dem Grabe werd' ich ausgetrieben,
Noch zu suchen das vermisste Gut,
Noch den schon verlornen Mann zu lieben
Und zu saugen seines Herzens Blut.
Ist's um den geschehn,
Muss nach andern gehn,
Und das junge Volk erliegt der Wut.

Schöner Jüngling! kannst nicht länger leben;
Du versiechest nun an diesem Ort.
Meine Kette hab' ich dir gegeben;
Deine Locke nehm' ich mit mir fort.
Sieh sie an genau!
Morgen bist du grau,
Und nur braun erscheinst du wieder dort.

Höre, Mutter, nun die letzte Bitte:
Einen Scheiterhaufen schichte du;
Öffne meine bange kleine Hütte,
Bring in Flammen Liebende zu Ruh';
Wenn der Funke sprüht,
Wenn die Asche glüht,
Eilen wir den alten Göttern zu."

Früchte des Balladenjahrs 1797

Beide Balladen gehören zusammen mit *Der Schatzgräber* und *Der Zauberlehrling* zu jenen Werken, die Goethe im „Balladenjahr" 1797 zu Schillers *Musenalmanach für das Jahr 1798* beisteuerte.
In **formaler wie inhaltlicher Hinsicht** sind beide Balladen miteinander verwandt:

- Die **formale Gestaltung** weist jeweils im zweiten Teil jeder Strophe eine rhythmische Veränderung auf. Die letzten drei Verse sind metrisch vom Rest getrennt: Bei *Der Gott und Bajadere* folgen nach acht trochäischen Versen drei daktylische Verse; in *Die Braut von Korinth* wechselt im fünften und sechsten Vers die Hebungszahl, aus einem fünfhebigen wird ein dreihebiger Trochäus.
- Beide Balladen sind überwiegend als Erzählerbericht gestaltet: In *Die Braut von Korinth* kommt es zu einem Wechsel vom präteritalen Erzähltempus ins Präsentische, *Der Gott und die Bajadere* arbeitet von Anfang an mit dem Tempus der Gegenwart.
- Beide Balladen beinhalten Figurenrede (junger Mann–Mädchen, Mädchen–Mutter, Bajadere–Mahadöh). Dies bewirkt zusammen mit dem präsentischen Erzähltempus eine größere Unmittelbarkeit in der Darstellung.

Beide Gedichte stellen somit Beispiele für eine **Mischung aus lyrischen** (Metrum, Vesifizierung), **epischen** (Handlung wird erzählt, Erzähltempus) **und dramatischen Elementen** (Figurenrede) dar. Eine solche Mischung macht für Goethe das Typische der Ballade aus.
Der Stoff der *Braut von Korinth* entstammt einer antiken Quelle, einer Erzählung des griechischen Autors Phlegon von Tralleis aus dem 2. Jahrhundert. Der Stoff der Ballade *Der Gott und die Bajadere* stammt aus einer indischen Legende, von der Goethe aus Pierre Sonnerats *Reise nach Ostindien und China* (1783) erfahren hat. Die indische Ballade setzt ein mit der Menschwerdung Shivas und endet mit seiner „Himmelfahrt". Die Bajadere findet

nicht durch Reue und Buße Erlösung, sondern durch die Liebe. Ebenso wird dem Liebespaar in *Die Braut von Korinth* in Aussicht gestellt, durch die Flammen ihrer Liebe ins Reich der alten Götter einzugehen. **Menschwerdung, Himmelfahrt, (keineswegs nur geistige) Liebe mit eschatologischer Funktion, Absage an Reue und Buße** – beide Balladen sind auch kritische Auseinandersetzungen mit dem Christentum: Ohne Reue und Buße fehlt beispielsweise der Bajadere nach christlichem Verständnis die Voraussetzung für eine Vergebung. Im Neuen Testament findet sich das Paradigma für diesen Erlösungsprozess in der Geschichte von der Sünderin (Lk 7, 36–50).

Kritik am Christentum

Betrachtet man den Inhalt der beiden Balladen genauer, fällt diese Religionskritik deutlich ins Auge:

***Der Gott und die Bajadere* – Inhalt**

- Strophe 1: Die Ballade beginnt mit der sechsten Menschwerdung Shivas, er will Anteil nehmen am menschlichen Leben, will „Menschen menschlich sehn" (V. 7) und wird daher selbst Mensch.
- Strophe 2: Der Mensch gewordene Gott begegnet einer Tänzerin/Prostituierten, die ihm ihre Dienste anbiete, die der Gott in Strophe 3 annimmt; er erkennt, dass sie ein gutes Herz hat.
- Strophe 4 beschreibt die Liebesnacht, in der der Gott sie immer mehr auf die Probe stellt (formale Hervorhebung durch auftaktlose Dakylen in den letzten drei Versen).
- Strophe 5 hebt heraus, dass das Mädchen den Gott liebt; weder reine sexuelle Begierde noch die Aussicht auf Lohn bestimmen von nun an die Liebesnacht der beiden.
- Strophe 6: Nach einer kurzen Nachtruhe findet sie ihren „Kunden" tot neben sich im Bett. Sie reagiert darauf mit großem Schmerz und wirft sich weinend über ihn. Der Leichnam soll bald eingeäschert werden.

- Strophe 7 beschreibt ihre Trauer. Sie fühlt sich mit dem Mann ehegleich verbunden und bedauert, dass ihnen nur ein Nacht vergönnt war.
- Strophe 8: Die Priester weisen sie darauf hin, dass sie mit dem Toten nicht verheiratet war und sie daher nicht verpflichtet ist, ihm in den Tod zu folgen; sie fordern sie auf, weiterhin ihrem Beruf nachzugehen. Die Zeremonie beginnt, die Flammen werden entzündet.
- Strophe 9: Trotz des Hinweises der Priester ist die Bajadere fest entschlossen, dem Geliebten in den Tod zu folgen. Sie springt in die Flammen. Der Gott erwacht zum Leben und trägt sie auf seinen Armen aus den Flammen empor in den Himmel. Sie hat ihre Liebes-Prüfung bestanden.

Die *Braut von Korinth* spielt in der Zeit des Übergangs vom Heidentum zum Christentum. Die Ablehnung der christlichen Religion wird an zahlreichen Stellen deutlich. Der (damals neuartige) christliche Glaube der Mutter wird als „kranker Wahn" (V. 53) bezeichnet, der alle natürlich-menschlichen Werte über Bord wirft: „Keimt ein Glaube neu,/Wird oft Lieb' und Treu'/Wie ein böses Unkraut ausgerauft" (V. 12–14). Merkmale des Christentums werden attackiert: Nur noch ein Gott statt „der alten Götter bunt Gewimmel" (V. 57), Kritik an der Unsichtbarkeit des christlichen Gottes (vgl. V. 59), pointierte Umdeutung des Opfertodes Christi als „Menschenopfer": „Opfer fallen hier,/Weder Lamm noch Stier,/Aber Menschenopfer unerhört" (V. 61–63).

vom Polytheismus zum Monotheismus

Die Braut von Korinth – Inhalt

- Strophe 1 berichtet von der Ankunft eines jungen Mannes in Korinth. Er hofft, dass die alte Freundschaft der Väter, die ihre Kinder schon früh als Braut und Bräutigam bestimmt hatten, auch ihm gelten werde.

- Strophe 2 nimmt bereits die Problematik in den Blick: Der junge Mann fragt sich, ob er als Heide von den inzwischen frisch getauften Christen akzeptiert würde.
- Strophe 3: Die Aufnahme durch die Mutter des Hauses ist jedoch herzlich, der Gast wird trotz seiner späten Ankunft aufgenommen und im besten Raum des Hauses untergebracht und versorgt.
- Strophe 4: Die Müdigkeit verhindert, dass der junge Mann die angebotenen Nahrungsmittel zu sich nimmt. Stattdessen legt er sich in Kleidern auf das Bett und schläft fast ein, als sich die Zimmertür öffnet.
- Strophe 5: Ein mit weißem Kleid und Schleier bekleidetes Mädchen tritt ein; beim Anblick des Fremden erschrickt sie und hebt ihre Hand.
- Strophe 6: Das Mädchen entschuldigt sein Eindringen. Es sei nicht darüber informiert worden, dass ein Gast im Hause sei. In dieser Strophe wird mit der Formulierung „so hält man mich in meiner Klause" (V. 38) schon auf den unfreiwilligen Aufenthalt des Mädchens in dem Haus angespielt.
- Strophe 7: Der junge Mann fordert das Mädchen zum Bleiben auf. Unter Hinweis auf die antiken Götter Ceres und Bacchus lädt er es zu Essen und Wein ein; der Verweis auf Amor beinhaltet den Ausblick auf mögliche sexuelle Handlungen. Der Genuss von Lebensmitteln, Wein und Liebe wird als Zeichen der göttlichen Wohlgesonnenheit angesehen: „Lass uns sehn, wie froh die Götter sind!" (V. 49).
- Strophe 8: In dieser Strophe gibt sich das Mädchen als Wiedergängerin, als Untote, zu erkennen.

  Christentum als „kranker Wahn"

  Sie schildert, wie ihre Mutter nach der Bekehrung zum Christentum alles, was die menschliche Natur ausmacht („Jugend und Natur", V. 55), ihrem „kranken Wahn" (V. 53) folgend als sündhaft erklärte.
- Strophe 9: Das Mädchen schildert, wie die heidnischen Götterbilder vernichtet wurden. Statt der sichtbaren Götter werde

nur noch ein einziger unsichtbarer Gott angebetet, der noch dazu kein Tier-, sondern Menschenopfer fordere.

- Strophe 10: Der junge Mann erkennt, dass es sich bei dem Mädchen um die ihm versprochene Braut handelt. Er erneuert das Heiratsversprechen, das die Väter einst gegeben haben.
- Strophe 11: Das Mädchen weist darauf hin, dass nun die andere Schwester das Heiratsversprechen einlösen soll. Sie werde ihn aber immer lieben.
- Strophe 12: Der junge Mann verspricht ihr, sie von ihrem traurigen Schicksal zu befreien und mit in sein Elternhaus zu nehmen. Er fordert sie auf, unverzüglich mit ihm den „Hochzeitsschmaus" (V. 84) zu feiern.
- Strophe 13: Sie tauschen Treuezeichen aus: Sie gibt ihm ihre Kette und verlangt von ihm eine Haarlocke.
- Strophe 14 beginnt mit dem Hinweis, dass es Mitternacht geschlagen habe. Das Mädchen, das sich erst jetzt, in der „Geisterstunde" (V. 92), wohl zu fühlen scheint, trinkt zwar von dem Wein, das angebotene Brot lässt es aber stehen.
- Strophe 15: Beide trinken wiederholt von dem Wein. Das Mädchen wehrt seine Versuche, sich ihr auch körperlich zu nähern, zunächst ab, bis er zu weinen beginnt.
- Strophe 16: Das Mädchen hat Mitleid mit dem jungen Mann und begründet ihre Distanz mit ihrer Geistexistenz: „Wie der Schnee so weiß,/Aber kalt wie Eis/Ist das Liebchen, das du dir erwählt" (V. 110–112).
- Strophe 17: Er will ihren Zustand nicht wahrhaben und versucht, sie mit stürmischen Umarmungen und Küssen zu erwärmen.
- Strophe 18: Das Mädchen lässt sich von der Liebeseuphorie des jungen Mannes anstecken. Allerdings hat ihre körperliche Empfänglichkeit für sexuelle Erregung Grenzen, denn sie ist ein Geist, „es schlägt kein Herz in ihrer Brust" (V. 126).
- Strophe 19: Der Blickwinkel verändert sich nach außen: Der Erzähler schildert, wie die Mutter durch die Gänge läuft und

an der Tür des Gastzimmers verharrt, da sie Geräusche vernimmt, die auf den Vollzug sexueller Handlungen hindeuten.

- Strophe 20: An der Türe lauschend hört sie, wie die beiden Liebenden ihr nächstes Treffen für die kommende Nacht verabreden. Mittlerweile kräht bereits der Hahn, die Nacht ist fast vorüber.
- Strophe 21: Die Mutter öffnet die Zimmertür und will das unsittliche Treiben beenden: „Gibt es hier im Hause solche Dirnen,/Die dem Fremden gleich zu Willen sind?" (V. 143 f.), da muss sie erkennen, dass ihre eigene Tochter beteiligt ist.
- Strophe 22: Der junge Mann versucht zunächst, die Geliebte zu verstecken, diese jedoch richtet sich langsam auf.
- Strophe 23: Das Mädchen wirft der Mutter vor, ihr die schönste Nacht nicht zu gönnen und sie vertreiben zu wollen. In den Schlussversen wird die Anklage schärfer und offenbart den Kern der Kritik: Die Tochter wirft ihrer Mutter vor, dass sie ihren Tod zu verantworten habe: „Ist's Euch nicht genug,/ Dass ins Leichentuch,/Dass Ihr früh mich in das Grab gebracht?" (V. 159–161).
- Strophe 24: Das Mädchen macht der Mutter klar, dass die Priester der christlichen Religion keinerlei Macht über sie haben. Auch der Tod schaffe es nicht, Liebe zu vernichten.
- Strophe 25: Der Vorwurf der zuerst zugesagten, dann verweigerten Heirat wird erneuert und mit der Kritik an der neuen Religion der Mutter verbunden. Vor der Bekehrung war das Heiratsversprechen gegeben worden, nach der Bekehrung widerruft die Mutter ihr Versprechen. Der neue Glaube wird als ein „fremd, ein falsch Gelübd'" (V. 172) bewertet. In keiner Religion würde ein mütterlicher Schwur erhört werden, der sich gegen die Liebe der Tochter richte.
- Strophe 26: Das Mädchen kündigt an, dass durch den Austausch der Treuezeichen (Kette, Locke) nun auch der junge Mann dem Tode geweiht ist.

Zuflucht bei den alten Göttern

- Strophe 27: In der letzten Strophe formuliert die Tochter eine letzte Bitte an die Mutter, dass sie ihren Leichnam exhumieren und gemeinsam mit dem des Geliebten verbrennen möge. Die Schlussverse unterstreichen die implizite Kritik der Ballade an der christlichen Religion: Das Mädchen äußert die Vorstellung, dass beide nach ihrem Tod bei den alten Göttern Zuflucht finden werden.

Nimmt man die Aussagen der beiden Balladen zusammen, so zeigt sich: Die Weimarer Klassik wirft dem Christentum vor, **Liebe und Sexualität verteufelt** zu haben. Goethe stellt dagegen ein Bild der heidnischen Antike, in der es diese Verdammung nicht gab. Das **Christentum** wird somit als eine **Barriere** betrachtet, die die Gegenwart von der Antike trennt. Goethe wählt für die literarische Formulierung seiner Kritik die zeitliche und kulturelle Distanz einer indischen Legende bzw. antiken Erzählung.
Neben der Kritik an Christentum, die in beiden Balladen deutlich hervortritt, gestaltet Goethe insbesondere in *Die Braut von Korinth* ein Beispiel „ideologisch motivierter Unterdrückung"[37]: Das Christentum der frisch getauften Mutter hat kein Verständnis für menschliche Bedürfnisse und opfert das private Glück der Tochter einer religiösen Weltanschauung. In *Der Gott und die Bajadere* wird ein Ideal „sich bewährender Menschlichkeit, zu der unabdingbar Liebe und Sexualität (...) gehören"[38], gegen christlichen Dogmatismus gehalten. Es war für die Dichter der Klassik stets wichtig zu prüfen, wie sich individuelle Sittlichkeit und Ordnung des menschlichen Zusammenlebens vereinbaren lassen: „Prüfstein dafür aber ist für Goethe, ob Liebe und privates Glück möglich sind."[39] In *Die Braut von Korinth* scheitert die Erfüllung des privaten Glücks, in *Der Gott und die Bajadere*

37 Wild, S. 225.
38 Ebenda.
39 Ebenda.

erfüllt sich die liebende Hingabe bis in den Tod, der Lohn ist die gemeinsame Apotheose (Verklärung) mit dem Gott. Die „Nagelprobe", ob eine soziale Ordnung auf Humanität gegründet ist, wird **an der Erfüllung oder am Scheitern einer Liebesbindung** angestellt.

Stichworte:

- beide Werke Produkte des „Balladenjahrs" 1797
- formale und inhaltliche Verwandtschaft
- Ballade bei Goethe als Mischung aus lyrischen, dramatischen und epischen Elementen (rhythmische Veränderung, Erzählerbericht, Tempuswechsel, Figurenrede)
- kritische Auseinandersetzungen mit dem Christentum
- Hauptvorwurf an Christentum: Verteufelung von Liebe und Sexualität
- Prüfstein für Humanität sozialer Ordnungen: Ermöglichung privaten Liebesglücks

1.7 Beispiel: *Die Metamorphose der Pflanzen* (1798)

Dich verwirret, Geliebte, die tausendfältige Mischung
    Dieses Blumengewühls über dem Garten umher;
Viele Namen hörest du an, und immer verdränget
    Mit barbarischem Klang einer den andern im Ohr.
Alle Gestalten sind ähnlich, und keine gleichet der andern;
    Und so deutet das Chor auf ein geheimes Gesetz,
Auf ein heiliges Rätsel. O könnt' ich dir, liebliche Freundin,
    Überliefern sogleich glücklich das lösende Wort!
Werdend betrachte sie nun, wie nach und nach sich die Pflanze,
    Stufenweise geführt, bildet zu Blüten und Frucht.
Aus dem Samen entwickelt sie sich, sobald ihn der Erde
    Stille befruchtender Schoß hold in das Leben entlässt

Und dem Reize des Lichts, des heiligen, ewig bewegten,
Gleich den zärtesten Bau keimender Blätter empfiehlt.
Einfach schlief in dem Samen die Kraft; ein beginnendes Vorbild
Lag, verschlossen in sich, unter die Hülle gebeugt,
Blatt und Wurzel und Keim, nur halb geformet und farblos;
Trocken erhält so der Kern ruhiges Leben bewahrt,
Quillet strebend empor, sich milder Feuchte vertrauend,
Und erhebt sich sogleich aus der umgebenden Nacht.
Aber einfach bleibt die Gestalt der ersten Erscheinung;
Und so bezeichnet sich auch unter den Pflanzen das Kind.
Gleich darauf ein folgender Trieb, sich erhebend, erneuet,
Knoten auf Knoten getürmt, immer das erste Gebild.
Zwar nicht immer das gleiche; denn mannigfaltig erzeugt sich,
Ausgebildet, du siehst's, immer das folgende Blatt,
Ausgedehnter, gekerbter, getrennter in Spitzen und Teile,
Die verwachsen vorher ruhten im untern Organ.
Und so erreicht es zuerst die höchst bestimmte Vollendung,
Die bei manchem Geschlecht dich zum Erstaunen bewegt.
Viel gerippt und gezackt, auf mastig[40] strotzender Fläche,
Scheinet die Fülle des Triebs frei und unendlich zu sein.
Doch hier hält die Natur, mit mächtigen Händen, die Bildung
An und lenket sie sanft in das Vollkommnere hin.
Mäßiger leitet sie nun den Saft, verengt die Gefäße,
Und gleich zeigt die Gestalt zärtere Wirkungen an.
Stille zieht sich der Trieb der strebenden Ränder zurücke,
Und die Rippe des Stiels bildet sich völliger aus.
Blattlos aber und schnell erhebt sich der zärtere Stengel,
Und ein Wundergebild zieht den Betrachtenden an.
Rings im Kreise stellet sich nun, gezählet und ohne
Zahl, das kleinere Blatt neben dem ähnlichen hin.
Um die Achse gedrängt, entscheidet der bergende Kelch sich,
Der zur höchsten Gestalt farbige Kronen entlässt.
Also prangt die Natur in hoher, voller Erscheinung,
Und sie zeiget, gereiht, Glieder an Glieder gestuft.
Immer staunst du aufs Neue, sobald sich am Stengel die Blume
Über dem schlanken Gerüst wechselnder Blätter bewegt.
Aber die Herrlichkeit wird des neuen Schaffens Verkündung.
Ja, das farbige Blatt fühlet die göttliche Hand.

40 Mastig: fett, feucht.

Und zusammen zieht es sich schnell; die zärtesten Formen,
Zwiefach streben sie vor, sich zu vereinen bestimmt.
Traulich stehen sie nun, die holden Paare, beisammen,
Zahlreich ordnen sie sich um den geweihten Altar.
Hymen schwebet herbei, und herrliche Düfte, gewaltig,
Strömen süßen Geruch, alles belebend, umher.
Nun vereinzelt schwellen sogleich unzählige Keime,
Hold in den Mutterschoß schwellender Früchte gehüllt.
Und hier schließt die Natur den Ring der ewigen Kräfte;
Doch ein neuer sogleich fasset den vorigen an,
Dass die Kette sich fort durch alle Zeiten verlänge,
Und das Ganze belebt, so wie das Einzelne, sei.
Wende nun, o Geliebte, den Blick zum bunten Gewimmel,
Das verwirrend nicht mehr sich vor dem Geiste bewegt.
Jede Pflanze verkündet dir nun die ew'gen Gesetze,
Jede Blume, sie spricht lauter und lauter mit dir.
Aber entzifferst du hier der Göttin heilige Lettern,
Überall siehst du sie dann, auch in verändertem Zug.
Kriechend zaudre die Raupe, der Schmetterling eile geschäftig,
Bildsam ändre der Mensch selbst die bestimmte Gestalt.
O, gedenke denn auch, wie aus dem Keim der Bekanntschaft
Nach und nach in uns holde Gewohnheit entspross,
Freundschaft sich mit Macht in unserm Innern enthüllte,
Und wie Amor zuletzt Blüten und Früchte gezeugt.
Denke, wie mannigfach bald die, bald jene Gestalten,
Still entfaltend, Natur unsern Gefühlen geliehn!
Freue dich auch des heutigen Tags! Die heilige Liebe
Strebt zu der höchsten Frucht gleicher Gesinnungen auf,
Gleicher Ansicht der Dinge, damit in harmonischem Anschaun
Sich verbinde das Paar, finde die höhere Welt.

Goethe hat sich immer wieder auch mit Naturstudien befasst (vgl. HA XIII und HA XIV). Seine Elegie nimmt auch vom Titel her direkten Bezug auf seine botanische Abhandlung *Die Metamorphose der Pflanzen* (1790, vgl. HA XIII, S. 64–101). Einzelne Abschnitte des Gedichtes lassen sich den jeweiligen Paragraphen dieser wissenschaftlichen Abhandlung zuordnen (vgl. HA XIII, S. 66–89):

naturwissenschaftliche Abhandlung

Die Metamorphose der Pflanzen (1790, botanische Abhandlung)	*Die Metamorphose der Pflanzen* (1798, Elegie)
I. Von den Samenblättern	V. 11–20
II. Ausbildung der Stengelblätter von Knoten zu Knoten	V. 21–32
III. Übergang zum Blütenstande	V. 33–44
IV. Bildung des Kelches	V. 33–44
V. Bildung der Krone	V. 45–48
VI. Bildung der Staubwerkzeuge	V. 49–56
VII. Nektarien	V. 49–56
VIII. Noch einiges von den Staubwerkzeugen	V. 49–56
IX. Bildung des Griffels	V. 49–56
X. Von den Früchten	V. 57 f.
XI. Von den unmittelbaren Hüllen des Samens	V. 57 f.

Das Gedicht ist dennoch **nicht einfach nur Naturwissenschaft in lyrischer Form**. Die Wahl der antiken Form der Elegie zeigt, dass es Goethe auch um den Ausdruck eines persönlichen Gefühls geht. So ist es nicht verwunderlich, dass das Gedicht in V. 1 mit der direkten Anrede der Geliebten beginnt, die angesichts der **Pflanzenvielfalt** im Garten Schwierigkeiten hat, die einzelnen Arten auseinanderzuhalten (V. 5), gerade weil alle Ähnlichkeiten miteinander aufweisen. In dieser Vielfalt sei, so meint das lyrische Ich, ein Gesetz erkennbar, ein „heiliges Rätsel" (V. 7). Das lyrische Ich unternimmt den Versuch, das **Rätsel** zu lösen. Dazu soll die Angesprochene eine Pflanze genau betrachten, die das lyrische Ich ab V. 11 beschreibt.
Am Beginn der Beschreibung steht die Aussaat des Samens. Erde und Licht sind die Elemente, die die „Kraft" (V. 15), also das im-

manente Formgesetz der Pflanze, zum Leben erwecken. Erstes Zeichen des beginnenden Lebens ist das **erste Blatt**, das dem Keimling entwächst (vgl. V. 19 f.).

Schon an dieser Stelle wird die Entwicklung der Pflanze mit der Entwicklung des menschlichen Lebens assoziiert, wird der Keimling als „Kind" (V. 22) bezeichnet. Bis V. 30 wird das **Wachstum der Pflanze** beschrieben, das Emporrecken des Stammes, die Ausbildung der Blätter. In V. 33 kommt es zu einer Unterbrechung: Die Natur hält die weitere Ausbildung an, die Grenze des Wachstums der Blätter ist erreicht. Nun beginnt die ‚Vervollkommnung' (vgl. V. 34), Stängel und Blüten bilden sich völlig aus, und die Entwicklung der „Geschlechtsteile der Pflanzen" (HA XIII, S. 82) wird als Höhepunkt der Entwicklung bewundert. In V. 47 wird die angesprochene Geliebte erwähnt, **Staunen über die Herrlichkeit der Blüte** formuliert.

Entwicklung der Pflanze: Entwicklung des Lebens

Ab V. 49 wird eine neue „Herrlichkeit" angekündigt: Es geht um die Vereinigung der beiden Geschlechter. Hier ist die Metaphorik ganz deutlich auf den menschlichen Bereich abgestimmt, insbesondere in V. 54 f. wird die **Hochzeitsmetaphorik** („Altar", V. 54, „Hymen", V. 55) evident. Eine Schwangerschaft („Mutterschoß, V. 58) wird angedeutet, mit der der Kreislauf des Lebens von Neuem beginnt (vgl. V. 59–62).

Ab V. 63 wird die Geliebte wieder direkt angesprochen: Die botanische Erklärung sollte ihr nun einen Einblick in die Gesetzmäßigkeiten der Pflanzenentwicklung gegeben haben. Die beschriebene Pflanze gilt als idealtypisch nicht nur im Hinblick auf den botanischen Entwicklungskreislauf, sondern auch auf ein **allgemeines Lebensgesetz, das den ständigen Wechsel sowie stufenweise Steigerung als essenzielles Motiv** beinhaltet.

Das Gedicht ist elegienartig in **Distichen** verfasst. Es verbindet botanische Beobachtungen mit der lehrhaften Unterweisung der Geliebten. Es ist auch ein Art „Liebesgedicht" für Goethes spätere Ehefrau Christiane Vulpius (1765–1816), die mit dem Dichter die Gartenleidenschaft teilte. Goethe formuliert **Lyrisches mit Lehrhaftem, Wissenschaftliches mit Poesie.** Die Fülle der Metaphern (z. B. die Hochzeitsmetaphorik in V. 54 f.) weist eine Tendenz ins Anthropomorphe auf, sodass die **pflanzliche Entwicklung** nicht nur als Paradigma für die Entwicklung in der Natur, sondern **als allgemeines Lebensgesetz** gesehen werden kann.

Stichworte:

- Vergleich mit der gleichnamigen Abhandlung Goethes
- Elegie mehr als nur Naturwissenschaft in lyrischer Form
- allgemeines Lebensgesetz vom ständigen Wechsel, Entwicklung des angelegten Keims
- Liebesgedicht für Christiane Vulpius
- Synthese von Lyrik und Lehre, Wissenschaft und Poesie
- anthropomorphische Metaphorik

1.8 Beispiel: *Urworte Orphisch* (entst. 1817)

ΔΑΙΜΩΝ, Dämon

Wie an dem Tag, der dich der Welt verliehen,
Die Sonne stand zum Gruße der Planeten,
Bist alsobald und fort und fort gediehen
Nach dem Gesetz, wonach du angetreten.
So musst du sein, dir kannst du nicht entfliehen,
So sagten schon Sibyllen[41], so Propheten;
Und keine Zeit und keine Macht zerstückelt
Geprägte Form, die lebend sich entwickelt.

41 Sibyllen: In der griech. Mythologie Seherinnen, die in göttlicher Ekstase zukünftige Ereignisse schauten.

ΤΥΧΗ, Das Zufällige

Die strenge Grenze doch umgeht gefällig
Ein Wandelndes, das mit und um uns wandelt;
Nicht einsam bleibst du, bildest dich gesellig,
Und handelst wohl so, wie ein andrer handelt:
Im Leben ist's bald hin-, bald widerfällig,
Es ist ein Tand[42] und wird so durchgetandelt.
Schon hat sich still der Jahre Kreis geründet,
Die Lampe harrt der Flamme, die entzündet.

ΕΡΩΣ, Liebe

Die bleibt nicht aus! – Er stürzt vom Himmel nieder,
Wohin er sich aus alter Öde schwang,
Er schwebt heran auf luftigem Gefieder
Um Stirn und Brust den Frühlingstag entlang,
Scheint jetzt zu fliehn, vom Fliehen kehrt er wieder,
Da wird ein Wohl im Weh, so süß und bang.
Gar manches Herz verschwebt im Allgemeinen,
Doch widmet sich das edelste dem Einen.

ΑΝΑΓΚΗ, Nötigung

Da ist's denn wieder, wie die Sterne wollten:
Bedingung und Gesetz, und aller Wille
Ist nur ein Wollen, weil wir eben sollten,
Und vor dem Willen schweigt die Willkür stille;
Das Liebste wird vom Herzen weggescholten,
Dem harten Muss bequemt sich Will' und Grille.
So sind wir scheinfrei denn nach manchen Jahren
Nur enger dran, als wir am Anfang waren.

ΕΛΠΙΣ, Hoffnung

Doch solcher Grenze, solcher eh'rnen Mauer
Höchst widerwärt'ge Pforte wird entriegelt,
Sie stehe nur mit alter Felsendauer!
Ein Wesen regt sich leicht und ungezügelt:
Aus Wolkendecke, Nebel, Regenschauer
Erhebt sie uns, mit ihr, durch sie beflügelt;
Ihr kennt sie wohl, sie schwärmt durch alle Zonen;
Ein Flügelschlag – und hinter uns Äonen!

42 Tand: wertloses Zeug.

Die Fertigstellung des Gedichts wird in einem Tagebuch-Eintrag vom 7. Oktober 1817 erwähnt, veröffentlicht wurde es aber erst drei Jahre später. 1820 publizierte Goethe auch eine eigene Interpretation der einzelnen Strophen (vgl. HA I, S. 403–407).

Dem Gedicht liegen Studien des Dichters zur altgriechischen Mythologie zugrunde. Der Bezug von Dichtern und Musikern auf den Sänger Orpheus (in der griechischen Mythologie der Sohn der Muse Kalliope und des Apollon), auf den sich der Titel bezieht, galt als ein **„heiliges Wort"**, Goethe benutzt dafür den Begriff „Urworte". Die griechischen Begriffe „Dämon" (der „gute Geist" des Sokrates), „Tyche" (Göttin des Schicksals), „Eros" (Gott der Liebe), „Ananke" (Personifizierung der Notwendigkeit) und „Elpis" (Hoffnung) entnahm Goethe der antiken Mythologie, nach denen diese Götter bei der Geburt eines Menschen anwesend sind. Doch zeigt das Gedicht einen eigenständigen Umgang mit der mythologischen Begriffsgeschichte. Diese relativ freie Adaption lässt sich auch daran ablesen, dass Goethe in einer handschriftlichen Fassung des Werks die deutschen Übertragungen der griechischen Namen etwas anders als im Gedicht formuliert hat und damit an einigen Stellen zur Erhellung des Sinnes beiträgt:

„Dämon", „Tyche", „Eros", „Ananke" und „Elpis"

Urworte Orphisch	**Goethes Übertragung**
ΔΑΙΜΩΝ, Dämon	Individualität, Charakter
ΤΥΧΗ, das Zufällige	Zufälliges
ΕΡΩΣ, Liebe	Liebe, Leidenschaft
ΑΝΑΓΚΗ, Nötigung	Beschränkung, Pflicht
ΕΛΠΙΣ, Hoffnung	Hoffnung

In Strophe 1 steht der Kosmos als **Metapher für die All-Verbundenheit**, die Metapher findet sich auch in *Metamorphose der Pflanzen* und sinngemäß in *Eins und Alles* (entst. 1821). Der Bezug zur Antike und zum Alten Testament wird durch die Erwähnung der Sibyllen und der Propheten hergestellt. Der „Dämon" gilt Goethe als Sinnbild für das **Individuelle**, in diesem Sinne erläutert er selbst diese Strophe:

> *„Der Dämon bedeutet hier die notwendige, bei der Geburt unmittelbar ausgesprochene, begrenzte Individualität der Person, das Charakteristische, wodurch sich der Einzelne von jedem andern bei noch so großer Ähnlichkeit unterscheidet."*[43]

Im „Dämon" liegt die Überzeugung begründet, dass **jedes Lebewesen eine Entwicklung durchläuft** und dass zugleich durch jede angelegte Entwicklung eine **Begrenzung** gegeben ist; Einzigartigkeit und Zufall verbinden sich.
Das **Zufällige** (Strophe 2) ist das, was dem Individuum im Lebenslauf begegnet und was die festgeprägte Form nicht in ihren Grundzügen verändern kann. „Schon hat sich still der Jahre Kreis geründet,/Die Lampe harrt der Flamme, die entzündet" (V. 15 f.) – der Mensch hat Kindheit und Jugend hinter sich gelassen und wartet jetzt darauf, was Tyche ihm bringen wird. In Strophe 3 wird klar, dass es die **Liebe** sein wird. Eros, der in orphischen Lehren und bei Hesiod an der Weltschöpfung beteiligt ist und selbst dem Chaos entsprang, ist der Katalysator, der den individuellen Dämon und die der Welt angehörige Tyche im Erlebnis der Liebe vereint. Diese Liebe wird als durchaus ambivalent, als „süß und bang" (V. 22) beschrieben. Sie wird nach Goethe dann als göttliche Macht richtig verstanden, wenn sie zur Familiengründung führt; das ist ein Akt, den Goethe als Aufgabe der Freiheit durch freien Entschluss deutet:

ambivalente Liebe

> *„Kaum war dieser Schritt getan, so ist durch freien Entschluss die Freiheit aufgegeben; zwei Seelen sollen sich in einen Leib, zwei Leiber in eine Seele schicken, und indem eine solche Übereinkunft*

43 HA I, S. 403.

sich einleitet, so tritt, zu wechselseitiger liebevoller Nötigung, noch eine dritte hinzu; Eltern und Kinder müssen sich abermals zu einem Ganzen bilden, groß ist die gemeinsame Zufriedenheit, aber größer das Bedürfnis."[44]

Der hohe Stellenwert, den die Familie einnimmt, verbindet die Aussage mit dem idealtypischen Entwurf der bürgerlichen Existenz in Schillers *Lied von der Glocke* (1799, vgl. Kap. 2.7).
Strophe 4 sieht die „**Beschränkung**", die „**Pflicht**" als logische Konsequenz aus der in Liebe eingegangenen Verbindung. Darüber hinaus sind sämtliche Begrenzungen gemeint, die im Leben erfahren werden: Gesetzmäßigkeiten, Zwänge beruflicher oder privater Art, die keine freie Entfaltung des Willens mehr gestatten, sondern den Willen nur noch auf das Wollen und Wünschen reduzieren.

über den Tod hinaus

Wie im Gedicht *Metamorphose der Pflanzen* wird auch in *Urworte Orphisch* eine Gedichtstruktur realisiert, die die Geburt in der ersten Strophe, das Ende, den Tod in der letzten Strophe thematisiert. Allerdings wird der Tod in den *Urworten* nicht konkret erwähnt, das Thema klingt in der letzten Strophe nur an, da Elpis, die Hoffnung, in überirdische Regionen führt, die durch Wolken- und Flugmetaphern symbolisiert werden. Auch die „Äonen", die wie am Ende der *Faust*-Dichtung für die am weitesten ausgedehnten Zeiträume stehen, meinen sinnbildlich das Irdische überhaupt, das nach dem Tod zurückgelassen wird.
Hoffnung ist ein in Goethes Lyrik häufig zu findendes Motiv. Sie taucht beispielsweise in dem Epigramm *Dem Ackermann* auf, das die Doppeldeutigkeit der Erde als einem Ort, der Leben schenkt und dieses Leben am Ende wieder in sich aufnimmt, thematisiert:

---

44 Ebenda, S. 406.

Johann Wolfgang von Goethe:
***Dem Ackermann* (entst. 1785)**

Flach bedecket und leicht den goldenen Samen die Furche,
Guter! die tiefere deckt endlich dein ruhend Gebein.
Fröhlich gepflügt und gesät! Hier keimet lebendige Nahrung,
Und die Hoffnung entfernt selbst von dem Grabe sich nicht.

Die Hoffnung regiert das Leben; der Bauer, der im Vertrauen auf das Wachstum der Pflanzen den Samen ausbringt, steht dafür symbolisch. Die gleiche Hoffnung gilt auch für das Leben über den Tod hinaus.
Die Bildwahl in der 5. Strophe von *Urworte Orphisch* ähnelt einem weiteren, Goethes Alterslyrik zuzurechnenden Werk: In *Eins und Alles* wird eine Bewegung beschrieben, die symbolisch vom Ehernen, Festen aufsteigt ins Wolkige, aber noch Trübe, und die dann weiter in den reinsten, klarsten Äther zieht. Auch die Vorstellung, dass **fortwährende Veränderung ein elementares Lebensgesetz** ist, verbindet beide Gedichte miteinander.

Johann Wolfgang von Goethe:
***Eins und alles* (entst. 1821)**

Im Grenzenlosen sich zu finden,
Wird gern der Einzelne verschwinden,
da löst sich aller Überdruss;
Statt heißem Wünschen, wildem Wollen,
Statt läst'gem Fordern, strengem Sollen
Sich aufzugeben ist Genuss.

Weltseele, komm, uns zu durchdringen!
Dann mit dem Weltgeist selbst zu ringen,
Wird unsrer Kräfte Hochberuf.
Teilnehmend führen gute Geister,
Gelinde leitend, höchste Meister
Zu dem, der alles schafft und schuf.

Und umzuschaffen das Geschaffne,
Damit sich's nicht zum Starren waffne,
Wirkt ewiges, lebendiges Tun.

Und was nicht war, nun will es werden,
Zu reinen Sonnen, farbigen Erden;
In keinem Falle darf es ruhn.

Es soll sich regen, schaffend handeln,
Erst sich gestalten, dann verwandeln;
Nur scheinbar steht's Momente still.
Das Ewige regt sich fort in allen:
Denn alles muss in Nichts zerfallen,
Wenn es im Sein beharren will.

Gedichtform der Stanze

Urworte Orphisch besteht aus Stanzen, einer Strophenform aus fünfhebigen jambischen Achtzeilern mit abwechselnd männlicher und weiblicher Kadenz und festgelegtem Reimschema: ab ab ab cc. Die Stanze gilt als **eine der strengsten Strophenformen** überhaupt und ist dem feierlichen Ernst des Gehalts angemessen. Jede Strophe ist formal in sich harmonisch abgeschlossen, gleichzeitig steht aber jede Strophe in einem thematischen Zusammenhang mit den anderen. Das Feierliche rührt von der Verkündung eines allgemeinen Lebensgesetzes: Die Stanzen **umspannen Geburt und Tod** und geben darüber hinaus eine Perspektive, die sie mit „Hoffnung" bezeichnen. Die über das individuelle menschliche Leben hinausgehende Perspektive ist so nicht nur zeitlich, sondern auch räumlich ungebunden, die **individuelle Existenz ist eingebettet in eine allumfassende kosmische Gemeinschaft**.

Stichworte:

- griechische Mythologie: „Dämon", „Tyche", „Eros", „Ananke" und „Elpis"
- Einzigartigkeit und Zufall, Freiheit und Notwendigkeit
- vorbestimmte Entwicklung, Begrenzung, Zufall, Liebe, Pflicht und Hoffnung über den Tod hinaus
- Strophenform der Stanze (drückt den feierlichen Ernst des Gehalts aus)
- fortwährende Veränderung als elementares Lebensgesetz
- Kreislauf eines ewigen Werdens und Vergehens
- über das menschliche Leben hinausgehende Perspektive
- individuelle Existenz eingebettet in allumfassende kosmische Gemeinschaft

2. Friedrich Schiller (1759–1805)

2.1 Kurzbiografie

Friedrich Schiller gilt neben Goethe als Zentralfigur nicht nur der Weimarer Klassik, sondern der deutschen Literatur überhaupt. Neben seinen bedeutenden Dramen wie *Die Räuber, Kabale und Liebe, Maria Stuart* oder *Wilhelm Tell* und ästhetische Schriften wie *Über die ästhetische Erziehung des Menschen* wird sein umfangreiches Werk vor allem durch seine klassische (Gedanken-)Lyrik gekennzeichnet. Die am Ideal der Antike orientierten Gedichte wie *Die Götter Griechenlands* gehören dazu ebenso wie seine großen Balladen (z. B. *Der Ring des Polykrates, Die Bürgschaft, Das Lied von der Glocke*).

Friedrich Schiller wurde am 10. November 1759 in Marbach am Neckar als Sohn eines herzoglich-württembergischen Leutnants und Wundarztes geboren. Er wollte zunächst Pfarrer werden, trat 1773 aber auf Drängen des Herzogs Karl Eugen in die Herzogliche Militär-Akademie (Karlsschule) ein und studierte zunächst Recht, später Medizin. Erste literarische Einflüsse waren die Werke Shakespeares, Lessings und Klopstocks. Ab Ende 1780 arbeitete Schiller als **Militärarzt**. Schon während seiner Ausbildung in der von ihm als einengend empfundenen Karlsschule veröffentlichte er erste Werke, darunter v. a. das Drama *Die Räuber* (1777), mit dem Schiller zu einem **wichtigen Vertreter der Sturm und Drang-Generation** aufstieg.

Flucht nach Mannheim

Nachdem Schiller 1782 zweimal ohne Genehmigung nach Mannheim gereist war (u. a. zur bejubelten Uraufführung der *Räuber*), verhängte der Herzog gegen ihn zwei Wochen Haft sowie ein Schreibverbot. Daraufhin floh Schiller am 22. September nach Mannheim, wo er 1783 eine Anstellung als Theaterdichter fand. Es entstanden die für den Sturm und Drang wichtigen Dramen *Die Verschwörung des Fiesco von Genua, Luise Millerin* (*Kabale und Liebe*) und *Don Karlos.*

Nach Ablauf seines Vertrages am Mannheimer Theater führte Schiller eine ungesicherte Autorenexistenz zwischen Leipzig, Dresden, Weimar und Jena. Er schloss Freundschaft mit der Freifrau Charlotte von Kalb (1761–1843) und Christian Gottfried Körner (1756–1831), lernte Johann Gottfried von Herder und Christoph Martin Wieland (1733–1813) kennen und beschäftigte sich verstärkt mit **historischen Themen** (z. B. *Geschichte des Abfalls der vereinigten Niederlande von der Spanischen Regierung*, 1788; *Geschichte des dreißigjährigen Krieges,* 1790–1792). 1789 erhielt er mit Goethes Unterstützung eine – allerdings unbesoldete – Geschichtsprofessur in Jena; seine Antrittsvorlesung *Was heißt und zu welchem Ende studiert man Universalgeschichte?* wurde von den Studenten enthusiastisch aufgenommen.

Eine finanzielle Unterstützung durch den Erbprinzen Friedrich Christian von Schleswig-Holstein ermöglichte Schiller ein **dreijähriges Philosophie-Studium**, insbesondere der Schriften Kants, das sich maßgeblich auf die Formulierung des klassischen Sittlichkeitsideals auswirkte. Erst Ende 1790 erhielt Schiller ein festes Jahresgehalt, mit dem das Auskommen der mit Charlotte von Lengefeld (1766–1826) im Februar 1790 gegründeten Familie gesichert war. 1794 begann Schillers **Freundschaft mit Goethe**, die sich trotz der Verschiedenheit der beiden Dichter rasch intensivierte und in zahlreichen gemeinsamen literarischen Projekten Ausdruck fand. Der von Goethe zwischen 1828 und 1829 herausgegebene, sechs Bände umfassende Briefwechsel der beiden Autoren dokumentiert, wie fruchtbar die Freundschaft für beide war: Goethe und Schiller kritisierten und ermunterten sich gegenseitig bei ihren dramatischen, lyrischen und epischen Werken. So entstanden die großen klassischen Stücke Schillers wie die *Wallenstein*-Trilogie (1797–99) oder *Maria Stuart* (1799–1800), außerdem seine ethisch-ästhetischen Hauptwerke wie *Über An-*

mut und Würde (1793) und *Über die ästhetische Erziehung des Menschen* (1795).
1792 wurde der längst über Deutschlands Grenzen hinaus gefeierte Dramatiker von der Französischen Republik zum Ehrenbürger ernannt. Von 1796 bis 1800 gab Schiller den *Musenalmanach* heraus, in dem er seine bedeutendsten Gedichte und Balladen veröffentlichte (*Xenien-Almanach*, 1797; *Balladen-Almanach*, 1798). 1799 siedelte er von Jena nach Weimar über, 1802 erwarb er ein eigenes Haus („Schillerhaus"). Seit 1791 war Schiller immer wieder erkrankt, er starb am 9. Mai 1805.

Werk

Die Räuber	1777	Drama
Die Verschwörung des Fiesco von Genua	1782	Drama
Kabale und Liebe	1784	Drama
Die Schaubühne als eine moralische Anstalt betrachtet	1784	Rede
Philosophische Briefe	1786	Abhandlung
Don Carlos, Infant von Spanien	1787	Drama
Der Geisterseher	1787–1789	Roman
Geschichte des dreißigjährigen Krieges	1790–1792	Abhandlung
Über Anmut und Würde	1793	Abhandlung
Kallias oder Über die Schönheit	1793	Briefe
Über die ästhetische Erziehung des Menschen	1795	Abhandlung
Über naive und sentimentalische Dichtung	1795/1796	Abhandlung
Xenien (zus. mit Goethe)	1797	Lyrik

Balladenalmanach (zus. mit Goethe)	1798	Lyrik
Wallenstein	1799	Drama
Maria Stuart	1800	Drama
Die Jungfrau von Orleans	1801	Drama
Wilhelm Tell	1804	Drama

2.2 Beispiel: *Die Götter Griechenlands* (1788, hier 2. Fassung von 1793)

Da ihr noch die schöne Welt regieret,
An der Freude leichtem Gängelband
Selige Geschlechter noch geführet,
Schöne Wesen aus dem Fabelland!
Ach, da euer Wonnedienst noch glänzte,
Wie ganz anders, anders war es da!
Da man deine Tempel noch bekränzte,
Venus Amathusia!

Da der Dichtung zauberische Hülle
Sich noch lieblich um die Wahrheit wand –
Durch die Schöpfung floss da Lebensfülle,
Und was nie empfinden wird, empfand.
An der Liebe Busen sie zu drücken,
Gab man höhern Adel der Natur,
Alles wies den eingeweihten Blicken,
Alles eines Gottes Spur.

Wo jetzt nur, wie unsre Weisen sagen,
Seelenlos ein Feuerball sich dreht,
Lenkte damals seinen goldnen Wagen
Helios in stiller Majestät.
Diese Höhen füllten Oreaden,
Eine Dryas lebt‘ in jenem Baum,
Aus den Urnen lieblicher Najaden
Sprang der Ströme Silberschaum.

Jener Lorbeer wand sich einst um Hilfe,
Tantals Tochter schweigt in diesem Stein,
Syrinx' Klage tönt' aus jenem Schilfe,
Philomelas Schmerz aus diesem Hain.
Jener Bach empfing Demeters Zähre,
Die sie um Persephonen geweint,
Und von diesem Hügel rief Cythere,
Ach umsonst! dem schönen Freund.

Zu Deukalions Geschlechte stiegen
Damals noch die Himmlischen herab,
Pyrrhas schöne Töchter zu besiegen,
Nahm der Leto Sohn den Hirtenstab.
Zwischen Menschen, Göttern und Heroen
Knüpfte Amor einen schönen Bund,
Sterbliche mit Göttern und Heroen
Huldigten in Amathunt.

Finstrer Ernst und trauriges Entsagen
War aus eurem heitern Dienst verbannt,
Glücklich sollten alle Herzen schlagen,
Denn euch war der Glückliche verwandt.
Damals war nichts heilig als das Schöne,
Keiner Freude schämte sich der Gott,
Wo die keusch errötende Kamöne,
Wo die Grazie gebot.

Eure Tempel lachten gleich Palästen,
Euch verherrlichte das Heldenspiel
An des Isthmus kronenreichen Festen,
Und die Wagen donnerten zum Ziel.
Schön geschlungne seelenvolle Tänze
Kreisten um den prangenden Altar,
Eure Schläfe schmückten Siegeskränze,
Kronen euer duftend Haar.

Das Evoë muntrer Thyrsusschwinger
Und der Panther prächtiges Gespann
Meldeten den großen Freudebringer,
Faun und Satyr taumeln ihm voran,

Um ihn springen rasende Mänaden,
Ihre Tänze loben seinen Wein,
Und des Wirtes braune Wangen laden
Lustig zu dem Becher ein.

Damals trat kein grässliches Gerippe
Vor das Bett des Sterbenden. Ein Kuss
Nahm das letzte Leben von der Lippe,
Seine Fackel senkt' ein Genius.
Selbst des Orkus strenge Richterwaage
Hielt der Enkel einer Sterblichen,
Und des Thrakers seelenvolle Klage
Rührte die Erinnyen.

Seine Freuden traf der frohe Schatten
In Elysiens Hainen wieder an,
Treue Liebe fand den treuen Gatten
Und der Wagenlenker seine Bahn;
Linus' Spiel tönt die gewohnten Lieder,
In Alcestens Arme sinkt Admet,
Seinen Freund erkennt Orestes wieder,
Seine Pfeile Philoktet.

Höhre Preise stärkten da den Ringer
Auf der Tugend arbeitvoller Bahn,
Großer Taten herrliche Vollbringer
Klimmten zu den Seligen hinan.
Vor dem Wiederforderer der Toten
Neigte sich der Götter stille Schar,
Durch die Fluten leuchtet dem Piloten
Vom Olymp das Zwillingspaar.

Schöne Welt, wo bist du? Kehre wieder,
Holdes Blütenalter der Natur!
Ach, nur in dem Feenland der Lieder
Lebt noch deine fabelhafte Spur.
Ausgestorben trauert das Gefilde,
Keine Gottheit zeigt sich meinem Blick,
Ach, von jenem lebenwarmen Bilde
Blieb der Schatten nur zurück.

Alle jene Blüten sind gefallen

Von des Nordes schauerlichem Wehn,
Einen zu bereichern unter allen,
Musste diese Götterwelt vergehn.
Traurig such' ich an dem Sternenbogen,
Dich, Selene, find' ich dort nicht mehr;
Durch die Wälder ruf' ich, durch die Wogen,
Ach! sie widerhallen leer!

Unbewusst der Freuden, die sie schenket,
Nie entzückt von ihrer Herrlichkeit,
Nie gewahr des Geistes, der sie lenket,
Sel'ger nie durch meine Seligkeit,
Fühllos selbst für ihres Künstlers Ehre,
Gleich dem toten Schlag der Pendeluhr,
Dient sie knechtisch dem Gesetz der Schwere,
Die entgötterte Natur.

Morgen wieder neu sich zu entbinden,
Wühlt sie heute sich ihr eignes Grab,
Und an ewig gleicher Spindel winden
Sich von selbst die Monde auf und ab.
Müßig kehrten zu dem Dichterlande
Heim die Götter, unnütz einer Welt,
Die, entwachsen ihrem Gängelbande,
Sich durch eignes Schweben hält.

Ja, sie kehrten heim, und alles Schöne,
Alles Hohe nahmen sie mit fort,
Alle Farben, alle Lebenstöne,
Und uns blieb nur das entseelte Wort.
Aus der Zeitflut weggerissen, schweben
Sie gerettet auf des Pindus Höhn:
Was unsterblich im Gesang soll leben,
Muss im Leben untergehn.

Lob der Antike – Kritik des Christentums

Schiller erste Fassung des Gedichtes aus dem Jahre 1788 wurde bei ihrem Erscheinen heftig kritisiert; dem Dichter wurde die antichristliche Tendenz als Atheismus und Gotteslästerung ausgelegt. Für die fünf Jahre später vorgelegte **zweite Fas-**

sung reduzierte Schiller den Umfang von 25 auf 16 Strophen und berücksichtigte einige Einwände seiner Kritiker. Schillers Lob der Antike und seine Kritik am Christentum sind jedoch noch immer deutlich vernehmbar.
Das Gedicht ist eine **Mischung aus hymnischer Feier und elegischer Klage**: Die Antike wird gefeiert, weil in ihr Wahrheit und Schönheit noch eine Einheit bildeten, die Natur noch beseelt und voller Sinn war und eine unbeschwerte Sinnenfreude herrschte. Demgegenüber steht die Ablösung des antiken Polytheismus durch den christlichen Monotheismus und in der Folge die „entseelte" naturwissenschaftliche Deutung des Lebens in der Neuzeit, die die Götter endgültig aus der Welt vertrieben hat. Die Klage des Gedichtes gilt diesem Verlust.

Inhalt

- Strophe 1 beginnt in einem klagenden Ton, spricht die antiken Götter direkt an und bedauert, dass ihre Herrschaft vorüber ist, in der „es" (V. 6) ganz anders als in der Gegenwart des lyrischen Ichs gewesen sei. Die Venus von Amathus steht im Zentrum der Verehrung; die Liebesgöttin ist ein Beispiel für die damals herrschende Nähe zwischen Götter- und Menschenwelt.
- Strophe 2 thematisiert die literarische **Mythologisierung der Götterwelt**: Erzählungen rankten sich um die einzelnen Götter, in denen die Wahrheit bildhaft ausgeschmückt zum Ausdruck kam. Überall in der Natur habe man Anwesenheit, Wirkung und Einfluss der Götter erfahren können.
- Strophe 3: Die **Naturwissenschaftler** („Weise", V. 17) haben die Gestirne entmystifiziert, die Sonne wird nicht mehr als Gott Helios gedeutet. In der Antike wurde die Natur noch von Nymphen bevölkert, die in Wäldern und Bergen (Oreaden) sowie Flüssen (Najaden) wachten.
- In Strophe 4 werden die Erzählungen der griechischen Mythologie auf Phänomene bezogen, die in der Natur sichtbar sind:

Mit „jener Lorbeer" (V. 25) ist Daphne gemeint, die als Rettung vor dem sie verfolgenden Apollon in einen Lorbeerbaum verwandelt wurde. Niobe, die Tochter des Tantalus, wurde zur Strafe dafür, dass sie die Göttin Leto wegen ihrer geringen Kinderzahl verspottet hatte, in einen Stein verwandelt. Die Nymphe Syrinx wehrte sich einst gegen die Zuneigung Pans und wurde in ein Schilfrohr verwandelt, aus dem Pan die nach ihm benannte Flöte fertigte. Philomela musste als Strafe für ihre Verbrechen die Gestalt einer Nachtigall annehmen. Die Fruchtbarkeitsgöttin Demeter weinte („Zähre": Träne), nachdem ihre Tochter Persephone verschwunden war, sodass die Vegetation zum Stillstand kam und die Menschen zu sterben begannen. Cythere ist Aphrodite/Venus, der zahlreiche Haine in Griechenland zugeschrieben wurden und die durch ihren Liebreiz auf Götter wie Menschen gleichermaßen anziehend wirkte. Die Strophe macht deutlich, dass in der Antike die Götter in der Natur allgegenwärtig waren: **Natur** wurde als mythologisch und **von einem verborgenen Sinn durchdrungen** erfahren.

- Strophe 5: Deukalion, Prometheus' Sohn, baute den ersten Zeus-Tempel in Athen. Zusammen mit seiner Frau Pyrrha überlebte er als einziger die von Zeus geschickte große Flut; aus dem Paar ging ein neues Menschengeschlecht hervor. Letos Sohn Apollon musste einst als Strafe für den Mord an den Kyklopen Schafe und Kühe hüten. Die Göttin der Liebe verband Menschen und Götter miteinander (Heiligtum der Aphrodite in Amathunt auf Zypern).
- Strophe 6 hebt hervor, dass das **Glück oberstes Ziel** der damaligen Zeit war. Dort, wo die Kamöne, die römischen Musen, Einfluss nehmen konnten, wurde die **Schönheit** als heilig betrachtet (und nicht wie später als etwas Sündhaftes verdammt).
- Strophe 7 nimmt die Feste und sportlichen Wettkämpfe in den Blick, die zu Ehren der Götter ausgetragen wurden.

- Strophe 8 beginnt mit dem „Evoë", dem Ruf der Begleiter des Weingottes Dionysos, die von Weinblättern und Efeu umwachsene „Thyrsusstäbe" trugen. Die Strophe beschreibt den Auftritt des Dionysos, der große Freude bringt (vgl. V. 59). Fruchtbarkeitsdämonen (Faun, Satyren) umgeben ihn; die Menschen geben sich Tanz und Wein hin.
- Strophe 9: **Der Tod** wurde in der Antike noch nicht – wie später in der christlich-barocken Kunst – als Gerippe symbolisiert. Der Abschied vom Leben gestaltete sich auf liebevolle und versöhnliche Weise, mit einem Kuss. Der Zwiespalt zwischen Leben und Tod war aufgehoben, da Menschen auch in der Unterwelt (Orkus) ihren Dienst erfüllten. Orpheus' Gesang, der die Schicksalsgöttinnen (Erinnyen) rührte, gelang es sogar, seine Geliebte Eurydike für kurze Zeit aus dem Hades zu befreien. Die strikte Trennung zwischen Leben und Tod gab es in der griechischen Mythologie noch nicht – beide Sphären waren als unterschiedliche Existenzweisen gedacht.

noch keine strikte Trennung von Leben und Tod

- Strophe 10: Die Feste und Spiele der irdischen Welt wurden im „Himmelreich" der griechischen Antike, dem **Elysium, der Insel der Seligen**, wiederholt. Linos, ein Sohn des Apoll, galt als Erfinder der Buchstaben und war angeblich der Musiklehrer des Herakles. Alkestis nahm den Tod auf sich, damit ihr Ehegatte Admetos ewiges Leben erhielt. Orest, der Sohn des Agamemnon und der Klytämnestra, traf auf Pylades, seinen treuen Freund. Philoktet konnte die vergifteten Pfeile des Herakles benutzen und war für seine Treffsicherheit bekannt; unter anderem tötete er vor Troja den Paris.
- Strophe 11: Die Menschen, die in der irdischen Welt Ruhm („Große Taten", V. 83) erworben hatten, waren auch im Schattenreich und bei den Göttern angesehen.
- Strophe 12 artikuliert den sehnsuchtsvollen Wunsch, dass die Antike – tituliert als „holdes Blütenalter der Natur" (V. 90) –

zurückkehren möge. Sie ist nur noch im literarischen Bereich, im Bereich der Imagination, gegenwärtig, das „lebenwarme Bild" (vgl. V. 95) der antiken Götter und Helden ist einem Schatten gewichen. An dieser Stelle verändert sich die Stimmung des lyrischen Sprechers: Was vorher als hymnisches Preislied angesehen werden konnte, erhält jetzt deutliche elegische Züge.

- Strophe 13 steigert diesen elegischen Ton, indem der klassische **Gegensatz zwischen dem Norden und dem Süden** angesprochen wird. Hier findet sich eine direkte Schuldzuweisung: Die Anbetung eines einzigen Gottes, des christlichen, hat dazu geführt, dass die antike Götterwelt untergehen musste. Die Wälder sind götterlos geworden, auch die Mondgöttin Selene ist verschwunden.
- Strophe 14 beschreibt die **Folgen der „Göttervertreibung"**: Die Natur gehorcht nur noch mechanistischen Ablaufgesetzen, dem Kausalitätsprinzip, sie dient „knechtisch dem Gesetz der Schwere" (V. 111); das, was früher in ihr wirkte, ist vertrieben.
- Strophe 15: Die Götter kehrten einer Welt den Rücken, die sie offensichtlich nicht mehr braucht (vgl. V. 117 f.); die Natur schafft ihre eigenen Gesetzmäßigkeiten, sie hält sich „durch eignes Schweben" (V. 120) in Gang.
- Strophe 16 formuliert eine Zustandsbeschreibung: Nach der Vertreibung der Götter findet sich der Mensch in einer Welt wieder, in der **tote Abstraktheit** („das entseelte Wort", V. 124) die **lebendige Anschaulichkeit** in der Antike ersetzt hat. Das Pindus-Gebirge in Griechenland galt als ein den Musen gewidmeter Ort: Dorthin haben die Götter sich gerettet.

formale Struktur

Die Elegie weist eine regelmäßige formale Struktur auf: Fünfhebige trochäische Achtzeiler (vierhebig ist jeweils der achte Vers) mit Kreuzreim und abwechselnd männlicher und weiblicher Kadenz bestimmen den Gesamtaufbau des Gedichtes. Die poetischen Gestaltungsmittel werden sparsam, aber gezielt und wirkungsvoll verwendet. Dazu seien exemplarisch einige Mittel genannt:

- Ausruf und Wiederholung in V. 6: Ausdruck der Begeisterung über die Antike
- Personifikation und Enjambement in V. 9 f.: unterstreichen die Umhüllung der Wahrheit durch die Dichtung
- Epitheton (vgl. V. 9): Ausschmückung; in der ersten Fassung wird statt „zauberisch" das Adjektiv „malerisch" verwendet; aus einem eher schmückenden Aspekt wurde so die Betonung, dass Irdisches und Überirdisches in der Antike noch zusammengehörten.
- Anapher (vgl. V. 15 f.): Betonung der Durchdringung der Natur durch die Götter
- Ironie: Mit den „Weisen" (V. 17) sind die modernen Naturwissenschaftler gemeint, die die Sonne nur noch als Stern und nicht mehr als Gott sehen; es ist eine Art „elegischer Ironie", da das Bedauern über den Verlust offensichtlich ist.
- Aufzählung (vgl. V. 25–32): Die Fülle der Namen aus der griechischen Mythologie in einer einzigen Strophe zeigt, wie plastisch-anschaulich die Natur erfahren werden kann, wenn sie mythologisch interpretiert wird.
- Enjambement in V. 65 f.: Der Kuss symbolisiert den bruchlosen Übergang zwischen irdischer Welt und Totenwelt.
- Wiederholung/Trias: nie (V. 106–108), Betonung des Verlustes der antiken Sinnstiftung

Das Gedicht macht die **Griechenlandbegeisterung** der frühen Klassik und eine dezidierte **Abwendung von der christlichen Weltanschauung** deutlich. Inspiriert von Winckelmanns Kunstdeutungen wird die Antike als ein Ort der unbeschwerten Schönheit und des edlen Menschentums idealisiert. Daher gilt auch für Schiller Winckelmanns Aussage, dass Unsterblichkeit nur auf dem Wege der Nachahmung der Antike zu erreichen sei: „Der

einzige Weg für uns, groß, ja wenn es möglich ist, unnachahmlich zu werden, ist die Nachahmung der Alten"[45].
Aus heutiger Sicht betrachtet, mag die Idealisierung des antiken Griechenlands verwundern, denn selbst die griechische Mythologie, auf die Schiller in seinem Gedicht anspielt, ist alles andere als frei von Mord und Totschlag. An einige Beispiele entsetzlicher Gewalttaten in der Mythologie wird in Schillers Gedicht auch erinnert. Diese vermögen jedoch nicht die idealistische Perspektive, die nur Schönheit, Gesang und Liebe hervorkehrt, zu trüben. Ein **eigenständiges Sittlichkeitsideal** wird erst im Konzept der „schönen Seele" gefunden, in der sich Neigung und Pflicht harmonisch verbinden. Doch auch dieses **Konzept** ist **nicht frei von Widersprüchen**, wie die **Problematik des Tyrannenmordes** in der Ballade *Die Bürgschaft* zeigt (vgl. Kap. 2.5).

Stichworte:

- Lob der Antike und Kritik am Christentum
- erste Fassung stieß auf Ablehnung, zweite Fassung inhaltlich nur wenig gemildert
- Mischung aus hymnischer Feier und elegischer Klage
- Natur, Götter, Menschen, Leben und Tod bildeten einst eine ungetrennte Ganzheit
- Folgen der Göttervertreibung: mechanistische Naturauffassung, Ersetzung von Lebensfülle und lebendiger Anschaulichkeit durch Leere und tote Abstraktheit
- fünfhebige trochäische Achtzeiler mit Kreuzreim und abwechselnd männlicher und weiblicher Kadenz
- Beispiel für die Griechenlandbegeisterung der frühen Klassik im Anschluss an Winckelmann
- Idealisierung der Antike trotz zahlreicher Beispiele für Gewalt und Mord in Mythologie

45 Winckelmann, S. 4.

2.3 Beispiel: *Die Worte des Glaubens* (1797)

Drei Worte nenn ich euch, inhaltschwer,
Sie gehen von Munde zu Munde,
Doch stammen sie nicht von außen her,
Das Herz nur gibt davon Kunde.
Dem Menschen ist aller Wert geraubt,
Wenn er nicht mehr an die drei Worte glaubt.

Der Mensch ist frei geschaffen, ist frei,
Und würd er in Ketten geboren,
Lasst euch nicht irren des Pöbels Geschrei,
Nicht den Missbrauch rasender Toren!
Vor dem Sklaven, wenn er die Kette bricht,
Vor dem freien Menschen erzittert nicht!

Und die Tugend, sie ist kein leerer Schall,
Der Mensch kann sie üben im Leben,
Und sollt er auch straucheln überall,
Er kann nach der göttlichen streben,
Und was kein Verstand der Verständigen sieht,
Das übet in Einfalt ein kindlich Gemüt.

Und ein Gott ist, ein heiliger Wille lebt,
Wie auch der menschliche wanke,
Hoch über der Zeit und dem Raume webt
Lebendig der höchste Gedanke,
Und ob alles in ewigem Wechsel kreist,
Es beharret im Wechsel ein ruhiger Geist.

Die drei Worte bewahret euch, inhaltschwer,
Sie pflanzet von Munde zu Munde,
Und stammen sie gleich nicht von außen her,
Euer Innres gibt davon Kunde.
Dem Menschen ist nimmer sein Wert geraubt,
So lang er noch an die drei Worte glaubt.

Das Gedicht ist zusammen mit *Die Worte des Wahns* (1800) ein Beispiel für Schillers Gedankenlyrik und in inhaltlich-thematischer Hinsicht ein Beispiel für sein klassisches **Sittlichkeits-**

konzept. Deutlich wird an diesem Gedicht Schillers **Kant-Studium**, insbesondere die Lektüre von Kants *Kritik der praktischen Vernunft* (1788).
In **formaler Hinsicht** ist das Gedicht klar strukturiert: fünf Strophen zu je sechs Verszeilen, die ersten vier Verse sind abwechselnd vierhebig und dreihebig und durch einen Kreuzreim miteinander verbunden. Die „Pointe" jeder Strophe ist als vierhebiger Paarreim in der fünften und sechsten Verszeile gestaltet.

Inhalt:

- Die erste Strophe kündigt die Begriffe an, die gleich genannt werden sollen. Ihre Bedeutung wird dadurch hervorgehoben, dass sie dem lyrischen Ich zufolge in aller Munde sind (vgl. V. 2), aus dem Inneren des Menschen kommen, somit also – modern gesprochen – „Authentizität" verbürgen, und dass sie den Wert des Menschseins bestimmen. Dieser letzte Gesichtspunkt gibt den Worten einen Stellenwert wie in Goethes *Urworte Orphisch*.
- Die zweite Strophe nennt als ersten Begriff die **Freiheit** und klärt die Grundbedingung der menschlichen Existenz. V. 7 spielt auf den Einleitungssatz in Jean-Jacques Rousseaus (1712–1778) *Du contract social* (1762, dt. *Der Gesellschaftsvertrag*) an. Von der Überzeugung, dass der Mensch in Freiheit geboren ist, soll man sich durch nichts abbringen lassen.

Freiheit, Tugend, Gott

- Die dritte Strophe widmet sich der Beziehung der Menschen untereinander. Die Anerkennung von **Tugend** (zweiter Begriff), von vorbildhaften Verhaltensweisen also, schafft das Fundament, auf dem Sittlichkeit wachsen kann.
- Die vierte Strophe erweitert den Blick über die irdische Existenz hinaus, indem sie die Überzeugung äußert, dass eine metaphysische Macht, ein **Gott** (dritter Begriff) existiert, der als der „höchste Gedanke" (vgl. V. 22) alles steuert.

▶ Die fünfte Strophe unterstreicht nochmals die Bedeutung der drei Begriffe. Solange der Mensch an die Gültigkeit dieser Begriffe glaubt, bewahrt er sich sein Menschsein.

Friedrich Schiller:
***Die Worte des Wahns* (1800)**

Drei Worte hört man, bedeutungsschwer,
Im Munde der Guten und Besten;
Sie schallen vergeblich, ihr Klang ist leer,
Sie können nicht helfen und trösten.
Verscherzt ist dem Menschen des Lebens Frucht,
Solang er die Schatten zu haschen sucht.

Solang er glaubt an die Goldene Zeit,
Wo das Rechte, das Gute wird siegen, –
Das Rechte, das Gute führt ewig Streit,
Nie wird der Feind ihm erliegen,
Und erstickst du ihn nicht in den Lüften frei,
Stets wächst ihm die Kraft auf der Erde neu.

Solang er glaubt, dass das buhlende Glück
Sich dem Edeln vereinigen werde –
Dem Schlechten folgt es mit Liebesblick,
Nicht dem Guten gehöret die Erde.
Er ist ein Fremdling, er wandert aus
Und suchet ein unvergänglich Haus.

Solang er glaubt, dass dem ird'schen Verstand
Die Wahrheit je wird erscheinen,
Ihren Schleier hebt keine sterbliche Hand,
Wir können nur raten und meinen.
Du kerkerst den Geist in ein tönend Wort,
Doch der freie wandelt im Sturme fort.

Drum, edle Seele, entreiß dich dem Wahn
Und den himmlischen Glauben bewahre!
Was kein Ohr vernahm, was die Augen nicht sahn,
Es ist dennoch, das Schöne, das Wahre!
Es ist nicht draußen, da sucht es der Tor,
Es ist in dir, du bringst es ewig hervor.

Das Gegengedicht *Die Worte des Wahns* (1800) warnt vor jenen Begriffen, die zu einer **Verblendung** des Menschen führen. Formal ist das Gedicht in gleicher Weise wie *Die Worte des Glaubens* gestaltet.

- Strophe 1: Inhaltlich geht es um solche Glaubensinhalte, die sich als **Illusionen** („ihr Klang ist leer", V. 3; „Schatten", V. 6) erwiesen haben.
- In der zweiten Strophe wird als Beispiel dafür der **Glaube an das Kommen einer „Goldene Zeit"** (V. 7) angeführt, in der das Gute endgültig triumphieren werde. Schiller äußert eine realistisch-skeptische Auffassung, wenn er eine solche Vorstellung ablehnt, und entfernt sich somit hier von einer strikt idealistischen Auffassung.
- Eine realistische Haltung beweist er auch mit der Warnung, nicht naiv zu glauben, dass das Glück dem edlen Menschen automatisch lachen werde. Vielmehr muss der Tugendsame die Erfahrung machen, dass sich in der Welt Schlechtigkeit bezahlt macht und sich **unedle Motive erfolgreich** durchsetzen.

Utopie, Glück, Tugend und Wahrheit

- Die vierte Strophe schließlich warnt davor zu glauben, dass dem menschlichen Verstand die **Wahrheit** zugänglich sei: „Ihren Schleier hebt keine sterbliche Hand" (V. 21). Alles, was dem Menschen bleibt, sei die Vermutung (vgl. V. 22). Auch in dieser erkenntnistheoretischen Skepsis zeigt sich Schillers Kant-Studium: Für den Königsberger Philosophen kann der Mensch die Welt nur so erkennen, wie sie ihm seine eigenen Wahrnehmungskategorien präsentieren; die Erkenntnis des objektiven „Dinges an sich" bleibt ihm jedoch zwangsläufig verschlossen.
- Was dem Menschen in dieser Lage übrig bleibt, ist in der fünften Strophe zusammengefasst: Er soll auf etwas vertrauen, was er nicht sehen kann, was als **Gewissheit aus seinem Inneren** kommt. Substanziell müsste mit den *Worten des*

Glaubens der Inhalt dieser Gewissheit so beschrieben werden: **Glaube an die Freiheit des Menschen, Glaube an die Gültigkeit von Tugenden, Glaube an Gott**.

Nimmt man beide Gedichte zusammen, so wird deutlich, dass der frühklassische Idealismus nun – nach dem Studium der Werke Kants – eine realistisch-skeptische Fundierung erhalten hat. Man könnte daher von einem an Kant und der geschichtlichen Realität gewissermaßen **„geläuterten" Idealismus** sprechen.
„Hoffnung" ist der zentrale Begriff, den Schillers Vorstellung von „Glaube" prägt. In seinem 1797 entstandenen Gedicht gleichen Titels sieht er diese als Triebfeder menschlichen Handelns (1. Strophe), die auch durch Misserfolge nicht vernichtet werden kann (2. Strophe). Die **Hoffnung** ist als innere Gewissheit greifbar (3. Strophe).

Friedrich Schiller:
***Hoffnung* (1798)**

Es reden und träumen die Menschen viel
Von bessern künftigen Tagen,
Nach einem glücklichen goldenen Ziel
Sieht man sie rennen und jagen.
Die Welt wird alt und wird wieder jung,
Doch der Mensch hofft immer Verbesserung.

Die Hoffnung führt ihn ins Leben ein,
Sie umflattert den fröhlichen Knaben,
Den Jüngling locket ihr Zauberschein,
Sie wird mit dem Greis nicht begraben,
Denn beschließt er im Grabe den müden Lauf,
Noch am Grabe pflanzt er – die Hoffnung auf.

Es ist kein leerer schmeichelnder Wahn,
Erzeugt im Gehirne des Toren.
Im Herzen kündet es laut sich an:
Zu was Besserm sind wir geboren!
Und was die innere Stimme spricht,
Das täuscht die hoffende Seele nicht.

Stichworte:

- Beispiele für Schillers Gedankenlyrik
- Folge seines Kant-Studiums
- Worte des Glaubens: menschliche Freiheit, Tugend und Existenz Gottes
- Worte des Wahns (Illusionen): Glaube an eine utopische „goldene Zeit"; Glaube, dass dem Tugendsamen auch das Glück lache; Glaube, dem Menschen sei die Wahrheit zugänglich
- innere Gewissheit und Hoffnung
- „geläuterter" Idealismus: realistisch-skeptische Fundierung durch Kant-Studium

2.4 Beispiel: *Ring des Polykrates* (1797)

Er stand auf seines Daches Zinnen,
Er schaute mit vergnügten Sinnen
Auf das beherrschte Samos hin.
„Dies alles ist mir untertänig",
Begann er zu Ägyptens König,
„Gestehe, dass ich glücklich bin."

„Du hast der Götter Gunst erfahren!
Die vormals deinesgleichen waren,
Sie zwingt jetzt deines Zepters Macht.
Doch einer lebt noch, sie zu rächen,
Dich kann ein Mund nicht glücklich sprechen,
Solang des Feindes Auge wacht."

Und eh der König noch geendet,
Da stellt sich, von Milet gesendet,
Ein Bote dem Tyrannen dar:
„Lass, Herr! des Opfers Düfte steigen
Und mit des Lorbeers muntren Zweigen
Bekränze dir dein festlich Haar.

Getroffen sank der Feind vom Speere,
Mich sendet mit der frohen Märe
Dein treuer Feldherr Polydor-“
Und nimmt aus einem schwarzen Becken,
Noch blutig, zu der beiden Schrecken,
Ein wohlbekanntes Haupt hervor.

Der König tritt zurück mit Grauen:
„Doch warn ich dich, dem Glück zu trauen“,
Versetzt er mit besorgtem Blick.
„Bedenk, auf ungetreuen Wellen,
Wie leicht kann sie der Sturm zerschellen,
Schwimmt deiner Flotte zweifelnd Glück.“

Und eh er noch das Wort gesprochen,
Hat ihn der Jubel unterbrochen,
Der von der Reede jauchzend schallt.
Mit fremden Schätzen reich beladen,
Kehrt zu den heimischen Gestaden
Der Schiffe mastenreicher Wald.

Der königliche Gast erstaunet:
„Dein Glück ist heute gut gelaunet,
Doch fürchte seinen Unbestand.
Der Kreter waffenkund‘ge Scharen
Bedräuen dich mit Kriegsgefahren:
Schon nahe sind sie diesem Strand.“

Und eh‘ ihm noch das Wort entfallen,
Da sieht man‘s von den Schiffen wallen,
Und tausend Stimmen rufen: „Sieg!
Von Feindesnot sind wir befreiet,
Die Kreter hat der Sturm zerstreuet,
Vorbei, geendet ist der Krieg!“

Das hört der Gastfreund mit Entsetzen:
„Fürwahr, ich muss dich glücklich schätzen,
Doch“, spricht er, „zittr‘ ich für dein Heil.
Mir grauet vor der Götter Neide,
Des Lebens ungemischte Freude
Ward keinem Irdischen zuteil.

Auch mir ist alles wohlgeraten,
Bei allen meinen Herrschertaten,
Begleitet mich des Himmels Huld,
Doch hatt ich einen teuren Erben,
Den nahm mir Gott, ich sah ihn sterben,
Dem Glück bezahlt' ich meine Schuld.

Drum, willst du dich vor Leid bewahren,
So flehe zu den Unsichtbaren,
Dass sie zum Glück den Schmerz verleihn.
Noch keinen sah ich fröhlich enden,
Auf den mit immer vollen Händen
Die Götter ihre Gaben streun.

Und wenn's die Götter nicht gewähren,
So acht auf eines Freundes Lehren
Und rufe selbst das Unglück her,
Und was von allen deinen Schätzen
Dein Herz am höchsten mag ergötzen,
Das nimm und wirf's in dieses Meer!"

Und jener spricht, von Furcht beweget:
„Von allem, was die Insel heget,
Ist dieser Ring mein höchstes Gut.
Ihn will ich den Erinnen weihen,
Ob sie mein Glück mir dann verzeihen."
Und wirft das Kleinod in die Flut.

Und bei des nächsten Morgens Lichte,
Da tritt mit fröhlichem Gesichte
Ein Fischer vor den Fürsten hin:
„Herr, diesen Fisch hab ich gefangen,
Wie keiner noch ins Netz gegangen,
Dir zum Geschenke bring ich ihn."

Und als der Koch den Fisch zerteilet,
Kommt er bestürzt herbeigeeilet
Und ruft mit hocherstauntem Blick:
„Sieh, Herr, den Ring, den du getragen,
Ihn fand ich in des Fisches Magen,
O, ohne Grenzen ist dein Glück!"

Hier wendet sich der Gast mit Grausen:
„So kann ich ferner hier nicht hausen,
Mein Freund kannst du nicht weiter sein,
Die Götter wollen dein Verderben,
Fort eil ich, nicht mit dir zu sterben."
Und sprach's und schiffte schnell sich ein,

Herodot als Quelle

Die Ballade *Der Ring des Polykrates* ist ein Beispiel für die umfangreiche Balladenproduktion Schillers im Jahr 1797. Wie in anderen Balladen des Dichters wird auch hier über eine anschaulich-spannende Erzählung ein allgemeiner Gedanke vermittelt.
Schillers Quelle ist eine Überlieferung des griechischen Geschichtsschreibers Herodot: Polykrates war im 6. vorchristlichen Jahrhundert Alleinherrscher über Samos, seine politischen Unternehmungen waren überaus erfolgreich. Seine Erfolge veranlassten seinen Freund, den ägyptischen König Amasis, ihn in einem Brief auf die Gefahr hinzuweisen, die Götter könnten neidisch auf sein Glück werden. Amasis empfahl Polykrates, etwas gegen sein Glück zu tun und sich von dem zu trennen, was ihm am liebsten ist. Doch fand sich der Ring, den Polykrates daraufhin ins Meer warf, nach einer Woche in einem Fisch wieder, der dem König zum Geschenk gemacht worden war. Als Amasis davon erfuhr, löste er den Freundschaftsbund, damit er bei der hereinbrechenden göttlichen Strafe nicht über ihn trauern musste. Schiller hat in seiner Ballade das **Geschehen auf zwei Tage gekürzt** und auf eine **persönliche Begegnung** der beiden Könige konzentriert.

Inhalt:

- Strophe 1: Polykrates betrachtet seinen Machtbereich und fordert den ägyptischen König, gemeint ist Amasis, auf, sein Glück anzuerkennen.
- Strophe 2: Dieser aber warnt ihn vor einem möglichen Rächer der von Polykrates Besiegten.

- Strophe 3–4: Der Kopf des getöteten Rächers wird kurz darauf als Entkräftung der Warnung von einem Boten herbeigebracht.
- Strophe 5: Die zweite Warnung des Amasis bezieht sich auf die Gefahren, denen die königliche Flotte auf dem Meer ausgesetzt ist.
- Strophe 6: Die Flotte läuft kurz nach dem Aussprechen der Warnung reich beladen in den Hafen ein.
- Strophe 7: Die dritte Warnung beinhaltet die kriegerische Bedrohung durch die Kreter.
- Strophe 8: Doch auch diese Warnung erweist sich als unbegründet, da die Kreter kurz darauf besiegt werden.
- Strophe 9–12: Amasis nimmt die dreimalige Widerlegung seiner Warnungen zum Anlass, Polykrates von seinem eigenen Schicksal zu erzählen. Auch ihm seien einst alle Unternehmungen geglückt, doch dann hätten die Götter einen Tribut gefordert: das Leben seines Sohnes. Wen die Götter über die Maßen begünstigten, der müsse mit einem schrecklichen Ende rechnen. Polykrates solle sich daher beizeiten von dem trennen, was ihm am liebsten sei.
- Strophe 13–15: Der Ring, den der Angesprochene daraufhin den Schicksalsgöttinnen (Erinnyen) weiht und als freiwilliges Opfer ins Meer wirft, wird am nächsten Tage in einem Fisch gefunden, der dem König zum Geschenk gemacht wird.
- Strophe 16: Nach diesem erneuten Beweis für Polykrates' Glück verlässt Amasis den König von Samos entsetzt mit der Bemerkung, dass die Götter offenbar den Untergang des Polykrates beschlossen hätten.

Aus dem Geschehen ergibt sich der folgende **Aufbau der Ballade**:

Voraussetzung	Glück des Polykrates (Strophe 1)
erste Warnung	möglicher Rächer (Strophe 2)
erster Gegenbeweis	Rächer wird besiegt (Strophe 3)
zweite Warnung	Gefahren des Meeres (Strophe 5)
zweiter Gegenbeweis	Schiffe kehren reich beladen zurück (Strophe 6)
dritte Warnung	Kriegsgefahren (Strophe 7)
dritter Gegenbeweis	siegreiche Armee (Strophe 8)
vierte Warnung	kein Glück währe ewig, Aufforderung an Polykrates, ein freiwilliges Opfer zu leisten, er wirft den Ring ins Meer (Strophe 9 bis 13)
Ergebnis	Ring kehrt zu Polykrates zurück, Gastfreund verlässt entsetzt und voller Furcht Polykrates (Strophe 14–16)

Es lassen sich die folgenden **sprachlichen Mittel** feststellen:

- 16 Strophen zu jeweils sechs Versen, jambischer Vierheber als bestimmendes Versmaß, weibliche und männliche Kadenzen, unreine Reime (z. B. „untertänig"/„König", V. 4 f.), Reimschema: Schweifreim, dadurch: Zweiteilung der Strophen, rhythmisches bzw. gedankliches Innehalten nach dem dritten Vers
- „Ring" als Symbol für das Glück des Polykrates
- direkte Rede: z. B. V. 4, 6, Strophe 2; wörtliche Rede steht im Dienste der Spannungssteigerung (Ballade als poetische Gestaltung eines spannenden Ereignisses)
- Anaphern: z. B. V. 1 f. (mit parallel strukturierter Syntax), V. 69 f. und Alliterationen: z. B. „Herrschertaten"/"Himmels Huld" (V. 56 f.), Verbindung von inhaltlich Zusammengehörendem

- Synekdoche: „Dich kann ein Mund nicht glücklich sprechen“ (V. 11), der engere Begriff „Mund“ steht für den weiteren Begriff „die Menschen“
- positive Ausdrücke, die das Glück des Polykrates unterstreichen: z. B. „mit vergnügten Sinnen“ (V. 2), „mit des Lorbeers muntren Zweigen“ (V. 17), „festlich Haar“ (V. 18)

der Wert des Leides

Die Ballade beinhaltet die Aussage, dass **Glück *und* Leid** untrennbar zum menschlichen Leben gehören und alles seinen Preis habe. Diese Erkenntnis mag auf den ersten Blick befremdlich anmuten, ist es doch gewöhnlich das Ziel jedes Menschen, glücklich zu sein und leidvolle Situationen zu vermeiden. Doch kann die unvermeidliche Leiderfahrung zugleich einen Reifungsprozess anstoßen, der den Menschen das Glück erst umso nachhaltiger erfahren lässt.
Mögliche Aktualisierung: Auch in unserer modernen Welt, in der alle Mittel aufgewendet werden, um dem Menschen Leiderfahrungen zu ersparen, wo durch Konsum, Medizin, Tourismus und Unterhaltungsindustrie Sinnerfahrungen gestiftet und Leiderfahrungen verdrängt werden sollen, wo zum Leben gehörende Phänomene wie der Tod aus dem öffentlichen Bewusstsein ausgeblendet werden, erscheint es nötig, an den Wert von Leiderfahrungen zu erinnern. Erlebt der Mensch immer nur Glücksmomente, wird er bereits bei der Bewältigung erster Schwierigkeiten verzagen. Das ist damit gemeint, wenn Amasis davon spricht, dass die Götter das Verderben des scheinbar vom Glück begünstigten Tyrannen planen. Erst an Leiderfahrungen wächst der Mensch. Das Bewusstsein seiner eigenen Unvollkommenheit lässt ihn auch mit einem veränderten Bewusstsein auf seine Mitmenschen zugehen: In der „Sym-Pathie“, im „Mit-Leiden“, kann sich **wahre Humanität** entfalten.

Stichworte:

- entstand während des Balladenjahres 1797
- anschaulich-spannende Balladenerzählung vermittelt allgemeinen Gedanken
- griechischer Geschichtsschreiber Herodot als Quelle
- 16 Strophen, jambischer Vierheber als Versmaß, durch Schweifreim Zweiteilung der Strophen
- Ring als Symbol für das Glück des Polykrates
- wörtliche Rede als Mittel der Spannungssteigerung
- Glück und Leid gehören untrennbar zum menschlichen Leben
- Leiderfahrungen lassen Menschen wachsen bzw. reifer werden

2.5 Beispiel: *Die Bürgschaft* (1798)

Zu *Dionys*[46], dem Tyrannen, schlich
Möros, den Dolch im Gewande;
Ihn schlugen die Häscher in Bande.
„Was wolltest du mit dem Dolche, sprich!“
Entgegnet ihm finster der Wüterich.
„Die Stadt vom Tyrannen befreien!“
„Das sollst du am Kreuze bereuen.“

„Ich bin“, spricht jener, „zu sterben bereit,
Und bitte nicht um mein Leben,
Doch willst du Gnade mir geben,
Ich flehe dich um drei Tage Zeit,
Bis ich die Schwester dem Gatten gefreit,
Ich lasse den Freund dir als Bürgen,
Ihn magst du, entrinn ich, erwürgen.“

Da lächelt der König mit arger List,
Und spricht nach kurzem Bedenken:
„Drei Tage will ich dir schenken.

46 Wurde später von Schiller zu „Damon“ geändert.

Doch wisse! Wenn sie verstrichen, die Frist,
Eh du zurück mir gegeben bist,
So muss er statt deiner erblassen,
Doch dir ist die Strafe erlassen."

Und er kommt zum Freunde: „Der König gebeut,
Dass ich am Kreuz mit dem Leben
Bezahle das frevelnde Streben,
Doch will er mir gönnen drei Tage Zeit,
Bis ich die Schwester dem Gatten gefreit,
So bleib du dem König zum Pfande,
Bis ich komme, zu lösen die Bande."

Und schweigend umarmt ihn der treue Freund,
Und liefert sich aus dem Tyrannen,
Der andere ziehet von dannen.
Und ehe das dritte Morgenrot scheint,
Hat er schnell mit dem Gatten die Schwester vereint,
Eilt heim mit sorgender Seele,
Damit er die Frist nicht verfehle.

Da gießt unendlicher Regen herab,
Von den Bergen stürzen die Quellen,
Und die Bäche, die Ströme schwellen.
Und er kommt ans Ufer mit wanderndem Stab,
Da reißet die Brücke der Strudel hinab,
Und donnernd sprengen die Wogen
Des Gewölbes krachenden Bogen.

Und trostlos irrt er an Ufers Rand,
Wie weit er auch spähet und blicket
Und die Stimme, die rufende, schicket;
Da stößet kein Nachen vom sichern Strand,
Der ihn setze an das gewünschte Land,
Kein Schiffer lenket die Fähre,
Und der wilde Strom wird zum Meere.

Da sinkt er ans Ufer und weint und fleht,
Die Hände zum Zeus erhoben:
„O hemme des Stromes Toben!
Es eilen die Stunden, im Mittag steht
Die Sonne, und wenn sie niedergeht,

Und ich kann die Stadt nicht erreichen,
So muss der Freund mir erbleichen."

Doch wachsend erneut sich des Stromes Wut,
Und Welle auf Welle zerrinnet,
Und Stunde an Stunde entrinnet,
Da treibet die Angst ihn, da fasst er sich Mut
Und wirft sich hinein in die brausende Flut,
Und teilt mit gewaltigen Armen
Den Strom, und ein Gott hat Erbarmen.

Und gewinnt das Ufer und eilet fort,
Und danket dem rettenden Gotte,
Da stürzet die raubende Rotte
Hervor aus des Waldes nächtlichem Ort,
Den Pfad ihm sperrend, und schnaubet Mord
Und hemmet des Wanderers Eile
Mit drohend geschwungener Keule.

„Was wollt ihr?", ruft er, für Schrecken bleich,
„Ich habe nichts als mein Leben,
Das muss ich dem Könige geben!"
Und entreißt die Keule dem nächsten gleich:
„Um des Freundes Willen erbarmet euch!"
Und drei mit gewaltigen Streichen
Erlegt er, die andern entweichen.

Und die Sonne versendet glühenden Brand,
Und von der unendlichen Mühe
Ermattet sinken die Knie:
„O hast du mich gnädig aus Räubershand,
Aus dem Strom mich gerettet ans heilige Land,
Und soll hier verschmachtend verderben,
Und der Freund mir, der liebende, sterben!"

Und horch! da sprudelt es silberhell
Ganz nahe, wie rieselndes Rauschen,
Und stille hält er, zu lauschen,
Und sieh, aus dem Felsen, geschwätzig, schnell,
Springt murmelnd hervor ein lebendiger Quell,
Und freudig bückt er sich nieder,
Und erfrischet die brennenden Glieder.

Und die Sonne blickt durch der Zweige Grün,
Und malt auf den glänzenden Matten
Der Bäume gigantische Schatten;
Und zwei Wanderer sieht er die Straße ziehn,
Will eilenden Laufes vorüberfliehn,
Da hört er die Worte sie sagen:
„Jetzt wird er ans Kreutz geschlagen."

Und die Angst beflügelt den eilenden Fuß,
Ihn jagen der Sorge Qualen,
Da schimmern in Abendrots Strahlen
Von ferne die Zinnen von Syrakus,
Und entgegen kommt ihm Philostratus,
Des Hauses redlicher Hüter,
Der erkennet entsetzt den Gebieter:

„Zurück! du rettest den Freund nicht mehr,
So rette das eigene Leben!
Den Tod erleidet er eben.
Von Stunde zu Stunde gewartet' er
Mit hoffender Seele der Wiederkehr,
Ihm konnte den mutigen Glauben
Der Hohn des Tyrannen nicht rauben."

„Und ist es zu spät, und kann ich ihm nicht
Ein Retter willkommen erscheinen,
So soll mich der Tod ihm vereinen.
Des rühme der blutge Tyrann sich nicht,
Dass der Freund dem Freunde gebrochen die Pflicht,
Er schlachte der Opfer zweie,
Und glaube an Liebe und Treue."

Und die Sonne geht unter, da steht er am Tor
Und sieht das Kreuz schon erhöhet,
Das die Menge gaffend umstehet,
An dem Seile schon zieht man den Freund empor,
Da zertrennt er gewaltig den dichten Chor:
„Mich Henker!", ruft er, „erwürget!
Da bin ich, für den er gebürget!"

Und Erstaunen ergreifet das Volk umher,
In den Armen liegen sich beide

Und weinen für Schmerzen und Freude.
Da sieht man kein Auge tränenleer,
Und zum Könige bringt man die Wundermär,
Der fühlt ein menschliches Rühren,
Lässt schnell vor den Thron sie führen.

Und blicket sie lange verwundert an,
Drauf spricht er: „Es ist euch gelungen,
Ihr habt das Herz mir bezwungen,
Und die Treue, sie ist doch kein leerer Wahn,
So nehmet auch mich zum Genossen an,
Ich sei, gewährt mir die Bitte,
In eurem Bunde der Dritte.“

Ideenballade

Die Bürgschaft, 1798 entstanden, ist ein weiteres Beispiel für Schillers „Ideenballaden“ (diesen Begriff prägte Schiller in einem Brief an Goethe vom 23. Juni 1797). Die Quelle der Ballade findet sich in einer Geschichte des Hyginus (64 v. Chr.–17 n. Chr.), eines Bibliothekars des Kaisers Augustus. Schiller übernahm aus der Vorlage Handlung, Motive und Schluss, erhöhte jedoch die Zahl der „Hürden“, die Möros auf dem Rückweg bewältigen muss (neu hinzu kamen die Räuberbande sowie Möros' quälender Durst). Formal ist das Gedicht regelmäßig aufgebaut: Ein umarmender Reim bindet jeweils den ersten und vierten Vers mit jeweils einem vierhebigen Jambus, der zweite und dritte Vers im dreihebigen Jambus werden mit einem Paarreim verknüpft. Der Paarreim setzt sich in den letzten drei Verszeilen fort; die beiden letzten Verse sind wieder mit einem dreihebigen Jambus metrisch gegliedert.

Der **Inhalt** lässt sich folgendermaßen zusammenfassen:

- Strophe 1: Der Mordanschlag auf Dionys, den tyrannischen Herrscher, schlägt fehl, Möros wird gefasst, gesteht vor dem Herrscher seinen Mordplan und wird zum Tod am Kreuz verurteilt.

- Strophe 2: Möros akzeptiert diese Strafe ohne Widerrede, er bittet aber um einen dreitägigen Aufschub seiner Hinrichtung, damit er seine Schwester noch verheiraten kann. Als Bürgen lässt er einen Freund zurück.
- Strophe 3: Der Tyrann gewährt diese Frist mit der Ankündigung, dass Möros die Schuld erlassen würde, wenn statt seiner der Freund am Kreuz sterben würde.
- Strophe 4: Möros bittet den Freund, ihm als Pfand zu dienen, damit er den notwendigen zeitlichen Aufschub erhält.
- Strophe 5: Die dritte Strophe ist zeitraffend erzählt. Der Freund erfüllt die Bitte ohne Diskussion, Möros eilt nach Hause, verheiratet die Schwester und ist am dritten Tage auf dem Rückweg.
- Strophe 6: Ein gewaltiger Regenschauer, in dessen Folge die Brücke über einen Fluss einstürzt, überrascht ihn.
- Strophe 7: Möros kann die andere Flussseite nicht erreichen und hält vergeblich nach einem Schiff Ausschau, das ihn hinüberbringen könnte.
- Strophe 8 erzählt von der Klage des Möros, der verzweifelt ist, weil ihm die Zeit davonläuft.
- Strophe 9: Möros stürzt sich ungeachtet der Gefahr in den Fluss und gelangt schwimmend wohlbehalten an das andere Ufer.
- Strophe 10: Dann wird er von einer Räuberbande überfallen.
- Strophe 11: Er erschlägt tollkühn einige der Räuber, die anderen fliehen.
- Strophe 12: Die Hitze wird unerträglich, Möros fleht erneut um Gottes Hilfe, damit er die Hinrichtung des Freundes noch verhindern kann.
- Strophe 13: Er entdeckt eine Quelle und kann seinen Durst stillen.
- Strophe 14: Er trifft auf zwei Wanderer, die ihm berichten, dass der Freund nun ans Kreuz geschlagen würde.
- Strophe 15: Als das Abendrot schon angebrochen ist, kommt er in Syrakus an. Philostratus, ein Diener des Tyrannen, warnt ihn.

- Strophe 16: Der Freund, so meint er, werde gerade eben hingerichtet. Er habe den ganzen Tag auf die Rückkehr gewartet und trotz des Spottes des Tyrannen stets an Möros' Rückkehr geglaubt.
- Strophe 17: Möros beschließt, auch wenn es bereits zu spät ist, zur Hinrichtungsstätte zu gehen und lieber gemeinsam mit dem Freund zu sterben, als ihn im Stich zu lassen.
- Strophe 18: Bei Sonnenuntergang wird das Kreuz aufgerichtet; gerade als man den Freund mit einem Seile nach oben ziehen will, kommt Möros am Richtplatz an und gibt sich zu erkennen.
- Strophe 19 schildert die Verwunderung und Rührung, die im Volk angesichts dieses Beispiels freundschaftlicher Treue herrscht.
- Strophe 20: Als der Tyrann die Geschichte hört, gilt auch ihm sie als ein Beweis dafür, dass es wahre menschliche Treue geben kann. Er bittet die Freunde, ihn in ihrem Freundesbund aufzunehmen.

Die beiden Freunde, die treu und verlässlich füreinander einstehen, sind Beispiele einer idealen Verbindung von Pflicht und Neigung, sie sind **Personifizierungen des Ideals der „schönen Seele"**. Der Freund zögert keinen Moment, Möros als menschliches Pfand zu dienen und sein Leben aufs Spiel zu setzen; auch zweifelt er bis zuletzt nicht an Möros' Treue, obwohl offenbar niemand sonst an Möros' Rückkehr glaubt. Mit Recht, wie der Leser weiß: Auch Möros scheint keine Sekunde der Versuchung ausgesetzt zu sein, seinen Freund im Stich zu lassen und so sein eigenes Leben zu retten.

keine Billigung des Tyrannenmords

Allerdings wirft die Ballade das Problem auf, wie vor dem Hintergrund des klassischen Ideals Tyrannenmord zu legitimieren wäre. Neun Jahre vor der Abfassung der Bürgschaft fand die **Französische Revolution** statt. Schiller ging, ähnlich wie Goethe, davon aus, dass allein ästhetische Erziehung, Bildung also, die allmählichen Voraussetzungen für eine bessere Gesellschaftsordnung schaffen kann, und lehnte gewaltsame Umstürze des Volkes ab. Tyrannenmord billigt die Ballade somit keineswegs; dennoch bietet Möros zusammen mit seinem Freund, der ohne zu zögern für ihn in den Tod gehen würde, ein prototypisches Beispiel für die **Realisierung des klassischen Humanitätsideals**. Bezeichnenderweise erweist sich sein – unabsichtlich gegebenes – Beispiel freundschaftlicher Treue am Ende als wirkungsvoller als sein vorheriger Attentatsversuch: Der Tyrann ist von diesem Beweis für das Gute im Menschen so beeindruckt, dass er seine zynische Haltung aufgibt und die beiden um Aufnahme in ihren Freundschaftsbund bittet (und sich vermutlich von einem bösen zu einem guten Herrscher wandelt).

Stichworte:

- Beispiel für eine „Ideenballade" (Schiller)
- römische Vorlage
- ideale Verbindung von Pflicht und Neigung, Personifizierungen der „schönen Seele"
- Realisierung des klassischen Humanitätsideals
- keine Legitimierung des Tyrannenmords
- Beispiel freundschaftlicher Treue am Ende wirkungsvoller als Attentatsversuch

2.6 Beispiel: *Nänie* (1800)

Auch das Schöne muss sterben! Das Menschen und Götter bezwinget,
Nicht die eherne Brust rührt es des stygischen Zeus.
Einmal nur erweichte die Liebe den Schattenbeherrscher,
Und an der Schwelle noch, streng, rief er zurück sein Geschenk.
Nicht stillt Aphrodite dem schönen Knaben die Wunde,
Die in den zierlichen Leib grausam der Eber geritzt.
Nicht errettet den göttlichen Held die unsterbliche Mutter,
Wann er, am skäischen Tor fallend, sein Schicksal erfüllt.
Aber sie steigt aus dem Meer mit allen Töchtern des Nereus,
Und die Klage hebt an um den verherrlichten Sohn.
Siehe! Da weinen die Götter, es weinen die Göttinnen alle,
Dass das Schöne vergeht, dass das Vollkommene stirbt.
Auch ein Klaglied zu sein im Mund der Geliebten, ist herrlich,
Denn das Gemeine geht klanglos zum Orkus hinab.

Nänie war eine **römische Göttin**, die bei Begräbnissen angerufen wurde; ihr Name stand auch für die Trauerlieder der Anverwandten. Formal besteht Schillers Elegie aus sieben **reimlosen Distichen**, also aus überwiegend mit Daktylen gefüllten Hexametern und Pentametern. Aufgrund seiner Kürze steht das Gedicht der Form des Epigramms nahe. Thematisch geht es um den Tod des Schönen – das Schöne bzw. Schönheit war für Schiller der Inbegriff des Ideals –, beispielhaft dargestellt an drei Figuren aus der griechischen Mythologie:

Tod des Schönen als Thema

- **Eurydike** starb nach einem Schlangenbiss. Orpheus (vgl. Goethes *Urworte Orphisch*, Kap. 1.8) erreichte aber durch seinen Gesang, dass Eurydike die Unterwelt verlassen durfte. Da sich Orpheus jedoch trotz des Verbotes während des Aufstiegs nach seiner Frau umdrehte, wurde sie ihm „an der Schwelle noch" (V. 4) erneut und diesmal endgültig entrissen.
- **Adonis**, der schöne Sohn des Pygmalion und der Aphrodite, wurde während einer Jagd tödlich verwundet, und selbst

Aphrodite vermochte seine durch einen Eber zugefügte Verletzung nicht zu heilen (vgl. V. 5 f.).

- Auch der Held **Achilles**, Sohn des Peleus und der Nymphe Thetis, musste vor den Toren Trojas („am skäischen Tor", V. 8) sterben, nachdem ein Pfeil ihn an seiner einzigen verwundbaren Stelle, seiner Ferse, getroffen hatte.

Im Vergleich mit *Die Götter Griechenlands* (vgl. Kap. 2.2) zeigt sich in *Nänie* eine deutliche Desillusionierung des Dichters. Auch die Macht der antiken Götter ist begrenzt; selbst die Götter beklagen den Untergang des Schönen. Die Schilderung der tragischen Todesfälle konzentriert sich in der „Pointe" zu der tröstenden Einsicht: „Auch ein Klaglied zu sein im Mund der Geliebten, ist herrlich,/Denn das Gemeine geht klanglos zum Orkus hinab" (V. 13 f.). Die **Kunst**, das „Klagelied", **gestaltet Schönheit**, in ihr allein lebt das Schöne, das Vollkommene, weiter und überdauert die Zeit. Das Banale, das nicht der künstlerischen Darstellung wert ist, geht dagegen unter. Schiller hat in *Nänie* sowohl das antike Schönheitsideal, wie es von Winckelmann formuliert wurde, gestaltet, als auch die **Funktion der (klassischen) Kunst** bestimmt: Sie hat das Schöne zu bewahren und zu schützen.

Stichworte:

- Elegie in reimlosen Distichen
- Tod der Schönheit (Schillers Inbegriff des Ideals) als Thema
- auch die Götter vermögen das Schöne nicht zu retten
- allein die Kunst lässt das Schöne weiterleben
- Funktion der (klassischen) Kunst: Bewahrung des Schönen

2.7 Beispiel: *Das Lied von der Glocke* (1799)

Vivos voco
Mortuos plango
Fulgura frango

Fest gemauert in der Erden
Steht die Form, aus Lehm gebrannt.
Heute muss die Glocke werden,
Frisch, Gesellen, seid zur Hand.
Von der Stirne heiß
Rinnen muss der Schweiß,
Soll das Werk den Meister loben,
Doch der Segen kommt von oben.

Zum Werke, das wir ernst bereiten,
Geziemt sich wohl ein ernstes Wort;
Wenn gute Reden sie begleiten,
Dann fließt die Arbeit munter fort.
So lasst uns jetzt mit Fleiß betrachten,
Was durch die schwache Kraft entspringt,
Den schlechten Mann muss man verachten,
Der nie bedacht, was er vollbringt.
Das ist's ja, was den Menschen zieret,
Und dazu ward ihm der Verstand,
Dass er im innern Herzen spüret,
Was er erschafft mit seiner Hand.

Nehmet Holz vom Fichtenstamme,
Doch recht trocken lasst es sein,
Dass die eingepresste Flamme
Schlage zu dem Schwalch[47] hinein.
Kocht des Kupfers Brei,
Schnell das Zinn herbei,
Dass die zähe Glockenspeise
Fließe nach der rechten Weise.

Was in des Dammes tiefer Grube
Die Hand mit Feuers Hülfe baut,

47 Schwalch: Dampf, Qualm.

Hoch auf des Turmes Glockenstube
Da wird es von uns zeugen laut.
Noch dauern wirds in späten Tagen
Und rühren vieler Menschen Ohr
Und wird mit dem Betrübten klagen
Und stimmen zu der Andacht Chor.
Was unten tief dem Erdensohne
Das wechselnde Verhängnis bringt,
Das schlägt an die metallne Krone,
Die es erbaulich weiterklingt.

Weiße Blasen seh ich springen,
Wohl! die Massen sind im Fluss.
Lassts mit Aschensalz durchdringen,
Das befördert schnell den Guss.
      Auch von Schaume rein
      Muss die Mischung sein,
Dass vom reinlichen Metalle
Rein und voll die Stimme schalle.

Denn mit der Freude Feierklange
Begrüßt sie das geliebte Kind
Auf seines Lebens erstem Gange,
Den es in Schlafes Arm beginnt;
Ihm ruhen noch im Zeitenschoße
Die schwarzen und die heitern Lose,
Der Mutterliebe zarte Sorgen
Bewachen seinen goldnen Morgen. –
Die Jahre fliehen pfeilgeschwind.
Vom Mädchen reißt sich stolz der Knabe,
Er stürmt ins Leben wild hinaus,
Durchmisst die Welt am Wanderstabe.
Fremd kehrt er heim ins Vaterhaus,
Und herrlich, in der Jugend Prangen,
Wie ein Gebild aus Himmelshöhn,
Mit züchtigen, verschämten Wangen.
Sieht er die Jungfrau vor sich stehn,
Da fasst ein namenloses Sehnen
Des Jünglings Herz, er irrt allein,
Aus seinen Augen brechen Tränen,
Er flieht der Brüder wilden Reihn.

Errötend folgt er ihren Spuren
Und ist von ihrem Gruß beglückt,
Das Schönste sucht er auf den Fluren,
Womit er seine Liebe schmückt.
O! zarte Sehnsucht, süßes Hoffen,
Der ersten Liebe goldne Zeit,
Das Auge sieht den Himmel offen,
Es schwelgt das Herz in Seligkeit.
O! dass sie ewig grünen bliebe,
Die schöne Zeit der jungen Liebe!

Wie sich schon die Pfeifen bräunen!
Dieses Stäbchen tauch ich ein,
Sehn wirs überglast erscheinen,
Wirds zum Gusse zeitig sein.
    Jetzt, Gesellen, frisch!
    Prüft mir das Gemisch,
Ob das Spröde mit dem Weichen
Sich vereint zum guten Zeichen.

Denn wo das Strenge mit dem Zarten,
Wo Starkes sich und Mildes paarten,
Da gibt es einen guten Klang.
Drum prüfe, wer sich ewig bindet,
Ob sich das Herz zum Herzen findet!
Der Wahn ist kurz, die Reu ist lang.
Lieblich in der Bräute Locken
Spielt der jungfräuliche Kranz,
Wenn die hellen Kirchenglocken
Laden zu des Festes Glanz.
Ach! des Lebens schönste Feier
Endigt auch den Lebensmai,
Mit dem Gürtel, mit dem Schleier
Reißt der schöne Wahn entzwei.
Die Leidenschaft flieht!
Die Liebe muss bleiben,
Die Blume verblüht,
Die Frucht muss treiben.
Der Mann muss hinaus
Ins feindliche Leben,
Muss wirken und streben

Und pflanzen und schaffen,
Erlisten, erraffen,
Muss wetten und wagen,
Das Glück zu erjagen.
Da strömet herbei die unendliche Gabe,
Es füllt sich der Speicher mit köstlicher Habe,
Die Räume wachsen, es dehnt sich das Haus.
Und drinnen waltet
Die züchtige Hausfrau,
Die Mutter der Kinder,
Und herrschet weise
Im häuslichen Kreise,
Und lehret die Mädchen
Und wehret den Knaben,
Und reget ohn Ende
Die fleißigen Hände,
Und mehrt den Gewinn
Mit ordnendem Sinn.
Und füllet mit Schätzen die duftenden Laden,
Und dreht um die schnurrende Spindel den Faden,
Und sammelt im reinlich geglätteten Schrein
Die schimmernde Wolle, den schneeigten Lein[48],
Und füget zum Guten den Glanz und den Schimmer,
Und ruhet nimmer.

Und der Vater mit frohem Blick
Von des Hauses weitschauendem Giebel
Überzählet sein blühend Glück,
Siehet der Pfosten ragende Bäume
Und der Scheunen gefüllte Räume
Und die Speicher, vom Segen gebogen,
Und des Kornes bewegte Wogen,
Rühmt sich mit stolzem Mund:
Fest, wie der Erde Grund,
Gegen des Unglücks Macht
Steht mir des Hauses Pracht!
Doch mit des Geschickes Mächten
Ist kein ewger Bund zu flechten,
Und das Unglück schreitet schnell.

---

48 Lein: Leinen, Flachs.

Wohl! Nun kann der Guss beginnen,
Schön gezacket ist der Bruch.
Doch, bevor wirs lassen rinnen,
Betet einen frommen Spruch!
Stoßt den Zapfen aus!
Gott bewahr das Haus.
Rauchend in des Henkels Bogen
Schießts mit feuerbraunen Wogen.

Wohltätig ist des Feuers Macht,
Wenn sie der Mensch bezähmt, bewacht,
Und was er bildet, was er schafft,
Das dankt er dieser Himmelskraft,
Doch furchtbar wird die Himmelskraft,
Wenn sie der Fessel sich entrafft,
Einhertritt auf der eignen Spur
Die freie Tochter der Natur.
Wehe, wenn sie losgelassen
Wachsend ohne Widerstand
Durch die volkbelebten Gassen
Wälzt den ungeheuren Brand!
Denn die Elemente hassen
Das Gebild der Menschenhand.
Aus der Wolke
Quillt der Segen,
Strömt der Regen,
Aus der Wolke, ohne Wahl,
Zuckt der Strahl!
Hört ihrs wimmern hoch vom Turm?
Das ist Sturm!
Rot wie Blut
Ist der Himmel,
Das ist nicht des Tages Glut!
Welch Getümmel
Straßen auf!
Dampf wallt auf!
Flackernd steigt die Feuersäule,
Durch der Straße lange Zeile
Wächst es fort mit Windeseile,
Kochend wie aus Ofens Rachen

Glühn die Lüfte, Balken krachen,
Pfosten stürzen, Fenster klirren,
Kinder jammern, Mütter irren,
Tiere wimmern
Unter Trümmern,
Alles rennet, rettet, flüchtet,
Taghell ist die Nacht gelichtet,
Durch der Hände lange Kette
Um die Wette
Fliegt der Eimer, hoch im Bogen
Sprützen Quellen, Wasserwogen.
Heulend kommt der Sturm geflogen,
Der die Flamme brausend sucht.
Prasselnd in die dürre Frucht
Fällt sie, in des Speichers Räume,
In der Sparren dürre Bäume,
Und als wollte sie im Wehen
Mit sich fort der Erde Wucht
Reißen, in gewaltger Flucht,
Wächst sie in des Himmels Höhen
Riesengroß!
Hoffnungslos
Weicht der Mensch der Götterstärke,
Müßig sieht er seine Werke
Und bewundernd untergehen.

Leergebrannt
Ist die Stätte,
Wilder Stürme rauhes Bette,
In den öden Fensterhöhlen
Wohnt das Grauen,
Und des Himmels Wolken schauen
Hoch hinein.

Einen Blick
Nach dem Grabe
Seiner Habe
Sendet noch der Mensch zurück –
Greift fröhlich dann zum Wanderstabe,
Was Feuers Wut ihm auch geraubt,
Ein süßer Trost ist ihm geblieben,

Er zählt die Häupter seiner Lieben,
Und sieh! ihm fehlt kein teures Haupt

In die Erd ists aufgenommen,
Glücklich ist die Form gefüllt,
Wirds auch schön zutage kommen,
Dass es Fleiß und Kunst vergilt?
Wenn der Guss misslang?
Wenn die Form zersprang?
Ach! vielleicht, indem wir hoffen,
Hat uns Unheil schon getroffen.

Dem dunkeln Schoß der heilgen Erde
Vertrauen wir der Hände Tat,
Vertraut der Sämann seine Saat
Und hofft, dass sie entkeimen werde
Zum Segen, nach des Himmels Rat.
Noch köstlicheren Samen bergen
Wir traurend in der Erde Schoß
Und hoffen, dass er aus den Särgen
Erblühen soll zu schönerm Los.

Von dem Dome,
Schwer und bang,
Tönt die Glocke
Grabgesang.
Ernst begleiten ihre Trauerschläge
Einen Wandrer auf dem letzten Wege.

Ach! die Gattin ists, die teure,
Ach! es ist die treue Mutter,
Die der schwarze Fürst der Schatten
Wegführt aus dem Arm des Gatten,
Aus der zarten Kinder Schar,
Die sie blühend ihm gebar,
Die sie an der treuen Brust
Wachsen sah mit Mutterlust –
Ach! des Hauses zarte Bande
Sind gelöst auf immerdar,
Denn sie wohnt im Schattenlande,
Die des Hauses Mutter war,
Denn es fehlt ihr treues Walten,

Ihre Sorge wacht nicht mehr,
An verwaister Stätte schalten
Wird die Fremde, liebeleer.

Bis die Glocke sich verkühlet,
Lasst die strenge Arbeit ruhn,
Wie im Laub der Vogel spielet,
Mag sich jeder gütlich tun.
    Winkt der Sterne Licht,
    Ledig aller Pflicht
Hört der Pursch die Vesper schlagen,
Meister muss sich immer plagen.

Munter fördert seine Schritte
Fern im wilden Forst der Wandrer
Nach der lieben Heimathütte.
Blökend ziehen
Heim die Schafe,
Und der Rinder
Breitgestirnte, glatte Scharen
Kommen brüllend,
Die gewohnten Ställe füllend.
Schwer herein
Schwankt der Wagen,
Kornbeladen,
Bunt von Farben
Auf den Garben
Liegt der Kranz,
Und das junge Volk der Schnitter
Fliegt zum Tanz.
Markt und Straße werden stiller,
Um des Lichts gesellge Flamme
Sammeln sich die Hausbewohner,
Und das Stadttor schließt sich knarrend.
Schwarz bedecket
Sich die Erde,
Doch den sichern Bürger schrecket
Nicht die Nacht,
Die den Bösen grässlich wecket,
Denn das Auge des Gesetzes wacht.

Heilge Ordnung, segenreiche
Himmelstochter, die das Gleiche
Frei und leicht und freudig bindet,
Die der Städte Bau gegründet,
Die herein von den Gefilden
Rief den ungesellgen Wilden,
Eintrat in der Menschen Hütten,
Sie gewöhnt zu sanften Sitten
Und das teuerste der Bande
Wob, den Trieb zum Vaterlande!

Tausend fleißge Hände regen,
Helfen sich in munterm Bund,
Und in feurigem Bewegen
Werden alle Kräfte kund.
Meister rührt sich und Geselle
In der Freiheit heilgem Schutz.
Jeder freut sich seiner Stelle,
Bietet dem Verächter Trutz.
Arbeit ist des Bürgers Zierde,
Segen ist der Mühe Preis,
Ehrt den König seine Würde,
Ehret *uns* der Hände Fleiß.

Holder Friede,
Süße Eintracht,
Weilet, weilet
Freundlich über dieser Stadt!
Möge nie der Tag erscheinen,
Wo des rauhen Krieges Horden
Dieses stille Tal durchtoben,
Wo der Himmel,
Den des Abends sanfte Röte
Lieblich malt,
Von der Dörfer, von der Städte
Wildem Brande schrecklich strahlt!

Nun zerbrecht mir das Gebäude,
Seine Absicht hats erfüllt,
Dass sich Herz und Auge weide
An dem wohlgelungnen Bild.

Schwingt den Hammer, schwingt
Bis der Mantel springt,
Wenn die Glock soll auferstehen,
Muss die Form in Stücken gehen.

Der Meister kann die Form zerbrechen
Mit weiser Hand, zur rechten Zeit,
Doch wehe, wenn in Flammenbächen
Das glühnde Erz sich selbst befreit!
Blindwütend mit des Donners Krachen
Zersprengt es das geborstne Haus,
Und wie aus offnem Höllenrachen
Speit es Verderben zündend aus;
Wo rohe Kräfte sinnlos walten,
Da kann sich kein Gebild gestalten,
Wenn sich die Völker selbst befrein,
Da kann die Wohlfahrt nicht gedeihn.

Weh, wenn sich in dem Schoß der Städte
Der Feuerzunder still gehäuft,
Das Volk, zerreißend seine Kette,
Zur Eigenhilfe schrecklich greift!
Da zerret an der Glocke Strängen
Der Aufruhr, dass sie heulend schallt
Und, nur geweiht zu Friedensklängen,
Die Losung anstimmt zur Gewalt.

Freiheit und Gleichheit! hört man schallen,
Der ruhge Bürger greift zur Wehr,
Die Straßen füllen sich, die Hallen,
Und Würgerbanden ziehn umher,
Da werden Weiber zu Hyänen
Und treiben mit Entsetzen Scherz,
Noch zuckend, mit des Panthers Zähnen,
Zerreißen sie des Feindes Herz.
Nichts Heiliges ist mehr, es lösen
Sich alle Bande frommer Scheu,
Der Gute räumt den Platz dem Bösen,
Und alle Laster walten frei.
Gefährlich ists, den Leu[49] zu wecken,

49 Leu: Löwe.

Verderblich ist des Tigers Zahn,
Jedoch der schrecklichste der Schrecken,
Das ist der Mensch in seinem Wahn.
Weh denen, die dem Ewigblinden
Des Lichtes Himmelsfackel leihn!
Sie strahlt ihm nicht, sie kann nur zünden
Und äschert Städt und Länder ein.

Freude hat mir Gott gegeben!
Sehet! wie ein goldner Stern
Aus der Hülse, blank und eben,
Schält sich der metallne Kern.
Von dem Helm zum Kranz
Spielts wie Sonnenglanz,
Auch des Wappens nette Schilder
Loben den erfahrnen Bilder.

Herein! herein!
Gesellen alle, schließt den Reihen,
Dass wir die Glocke taufend weihen,
Concordia soll ihr Name sein,
Zur Eintracht, zu herzinnigem Vereine
Versammle sie die liebende Gemeine.

Und dies sei fortan ihr Beruf,
Wozu der Meister sie erschuf!
Hoch überm niedern Erdenleben
Soll sie in blauem Himmelszelt
Die Nachbarin des Donners schweben
Und grenzen an die Sternenwelt,
Soll eine Stimme sein von oben,
Wie der Gestirne helle Schar,
Die ihren Schöpfer wandelnd loben
Und führen das bekränzte Jahr.
Nur ewigen und ernsten Dingen
Sei ihr metallner Mund geweiht,
Und stündlich mit den schnellen Schwingen
Berühr im Fluge sie die Zeit,
Dem Schicksal leihe sie die Zunge,
Selbst herzlos, ohne Mitgefühl,
Begleite sie mit ihrem Schwunge

Des Lebens wechselvolles Spiel.
Und wie der Klang im Ohr vergehet,
Der mächtig tönend ihr entschallt,
So lehre sie, dass nichts bestehet,
Dass alles Irdische verhallt.

Jetzo mit der Kraft des Stranges
Wiegt die Glock mir aus der Gruft,
Dass sie in das Reich des Klanges
Steige, in die Himmelsluft.
Ziehet, ziehet, hebt!
Sie bewegt sich, schwebt,
Freude dieser Stadt bedeute,
*Frie*de sei ihr erst Geläute.

Dingsymbol für die Wechselfälle des Lebens

Schillers Lied von der Glocke, 1800 erschienen, wurde in der Folge im deutschen Bürgertum zu seiner populärsten Ballade, unzählige Schülergenerationen mussten es auswendig lernen. In diesem Gedicht preist der Dichter die **Werte des Bürgertums** und erhebt die Glocke zum Dingsymbol für die Wechselfälle des menschlichen Lebens schlechthin. Dieser enge Zusammenhang zwischen der Glocke und dem menschlichen Leben wird schon in dem Motto deutlich, das Schiller dem Lied voranstellt. Auf Deutsch lautet es: „Die Lebenden rufe ich, die Toten beklage ich, die Blitze breche ich."

Der Aufbau wird bestimmt durch den Wechsel von zehn metrisch übereinstimmenden Meistersprüchen (vier- bzw. dreihebige Trochäen), in denen die Herstellung der Glocke beschrieben wird, und solchen Strophen, in denen das menschliche Leben zum Thema genommen wird. Diese Liedstrophen sind von unterschiedlicher Länge; vierhebige (manchmal auch zweihebige) Jamben und Anapästen dominieren. **Meisterspruch** und **Liedstrophen** sind jeweils thematisch aufeinander bezogen. Auffallend ist die Neigung zum **Sentenzhaften;** viele dieser sentenzhaften Verse wurden in der Folge zu ‚geflügelten Worten'

(z. B. „Drum prüfe, wer sich ewig bindet,/Ob sich das Herz zum Herzen findet!" V. 91 f.). Der Einfachheit halber werden Aufbau und Inhalt in Form einer Gegenüberstellung beschrieben.

1. Meisterspruch (V. 1–8) Aufforderung des Meisters an seine Gesellen, mit der Arbeit an der Glocke zu beginnen	**1. Liedstrophe (V. 9–20)** Ernste Reden sollen das Werk begleiten, Hinweis auf die Bedeutung von Herz und Verstand bei der Erschaffung eines Werkes
2. Meisterspruch (V. 21–28) Zubereitung des Glockengemischs aus Kupfer und Zinn	**2. Liedstrophe (V. 29–40)** Glocke als Zeugnis menschlicher Arbeit, als akustische Begleiterin der Wechselfälle des menschlichen Lebens
3. Meisterspruch (V. 41–48) Mischung beginnt zu kochen, Abhängigkeit der Klangqualität von der Reinheit der Mischung Thema: Frühphase des Glockengusses	**3. Liedstrophe (V. 49–79)** Thema: Frühphase des menschlichen Lebens Säugling wird beim Taufgang von Glocke begleitet, Glück und Unglück erwarten ihn, von der Mutter wird er großgezogen; in der Jugend Trennung vom Elternhaus, Wanderschaft und Rückkehr ins Elternhaus, erste Liebe
4. Meisterspruch (V. 80–87) Prüfung der Mischung mithilfe eines eingetauchten Stäbchens Thema: Vereinigung von Kupfer und Zinn, des „Spröden mit dem Weichen", zu einer lebenslangen Bindung (Glocke)	**4. Liedstrophe (V. 88–146)** Thema: Vereinigung von Mann und Frau (Hochzeit) Liebe als Voraussetzung für eine lebenslange Bindung, Aufgabe des Mannes: Erwerb des Lebensunterhaltes für sich und seine Familie Aufgabe der Frau: Erziehung der Kinder, Mehrung des Wohlstandes, Hausarbeit, rastlose Tätigkeit Zufriedenheit des Hausvaters über den Wohlstand der Familie Einschränkung: Glück währt nicht ewig

5. Meisterspruch (V. 147–154) Mischung ist fertig, der Guss kann beginnen; ein Gebet wird gesprochen, die Mischung fließt in die Form hinein Thema: Macht des Feuers, Gefährdung durch die in Dienst genommenen Mächte der Natur	**5. Liedstrophe (V. 155–226)** Thema: Macht des Feuers Feuer mit produktiver und destruktiver Kraft, Unwetter verwüstet eine Stadt, Versuch, die Feuer zu löschen, die Werke des Menschen werden zerstört; nach dem Unwetter und der Zerstörung der Habe fängt der Mensch optimistisch neu an, alle Angehörigen haben überlebt
6. Meisterspruch (V. 227–234) Form in der „Erd" (V. 227) ist mit dem Glockenbrei gefüllt, Hoffen auf ein gutes Gelingen der Glocke und Befürchtung, der Guss könnte misslungen oder die Form zersprungen sein. Zum Gelingen des Werks bedarf einer Form bzw. Ordnung.	**6. Liedstrophe (V. 235–265)** Stichwort „Erde" (V. 234) Erde birgt sowohl die Saat als auch die Toten, aus der Erde soll neues Leben erwachsen; Grabgeläute der Glocke; Tod der Mutter
7. Meisterspruch (V. 266–273) Abkühlphase der Glocke: Freizeit für die Arbeiter Thema: Freizeit	**7. Liedstrophe (V. 274–334)** Thema: Freizeit, bürgerliche Idylle, bürgerliches Arbeitsethos Bauern gehen zum Tanz, Abendstimmung in der Stadt, Sicherheit der Bürger in der Nacht, weil das Gesetz und die bürgerliche Ordnung wacht und schützt. Vaterlandsliebe als Voraussetzung für die bestehende gesellschaftliche Ordnung, die den Menschen zivilisiert hat; hoher Wert der Arbeit, sie zeichnet den Bürger aus. Lob des Friedens, Hoffnung, er möge nicht durch den Krieg gestört werden

8. Meisterspruch (V. 335–342) Aufforderung, die Lehmform zu zerschlagen und die Glocke freizulegen Thema: Zerschlagung der Form	**8. Liedstrophe (V. 343–382)** Thema: Revolution (als Zerschlagung der bisherigen gesellschaftlichen Form) Das Zerschlagen der Form muss mit Bedacht vor sich gehen, nur der Meister kann dies leisten; wenn sich der Glockenbrei selbst befreit, ist Zerstörung die Folge; so ist es auch, wenn sich Völker gewaltsam selbst befreien. Unter der Parole „Freiheit und Gleichheit" greifen die Bürger zu den Waffen, auf den Straßen gilt das Gesetz des Stärkeren, selbst Frauen üben Gewalt aus. Umkehrung der Werte: Wo Gutes gewesen ist, ist nun Böses, nichts Heiliges existiert mehr; der sich allmächtig glaubende Mensch als schlimmster Schrecken.
9. Meisterspruch (V. 383–390) Glocke wird freigelegt Thema: Freude	**9. Liedstrophe (V. 391–418)** Thema: Feier Taufe der Glocke auf den Namen „Concordia" (Eintracht); Aufgabe der Glocke: Begleitung des menschlichen Schicksals vom hohen Glockenturme aus; „Memento Mori"-Appell.
10. Meisterspruch (V. 419–426) Mit einem Seil wird die Glocke aus dem Erdloch, in dem ihr Guss stattgefunden hat, in die Höhe gehoben. Sie soll für den Frieden läuten.	

Das Lied von der Glocke lässt sich als **„Katechismus" bürgerlicher Wertvorstellungen** lesen, die sich teilweise aus den Postulaten der Klassik ableiten lassen. Dieser Zusammenhang soll an sechs ausgewählten Postulaten entfaltet werden:

- Mensch erkennt die **übergeordneten Mächte der Sittlichkeit**, der **Kultur und der Natur** an (vgl. V. 36 f., 52 f.), bürgerliche Geschlechterrollen (Trennung von Erwerbs- und Familientugenden; vgl. V. 106–132, vgl. V. 207–210)
- Mensch glaubt an **freie Selbstbestimmung**, die sich bei Schiller in der Haltung zur Arbeit äußert (vgl. V. 132 ff. und V. 319–322)
- **Aussöhnung mit der Gesellschaft** und ihren Normen, gegen das Empörertum des Sturm und Drang (vgl. V. 291–310, 323–334, 355–382) – gegen die Französische Revolution
- Lebensideale sind **Humanität** und (sittlicher) **Idealismus** (vgl. V. 311–322), „Concordia" als Name der Glocke (vgl. V. 394);
- Erfahrung des Todes lässt Menschen die Kraft zur Gegenwirkung gegen das Schicksal entfalten (vgl. V. 240–243, 250–265)
- „schöne Seele" zeigt sich in der **Harmonie von Neigung und Pflicht**, von Gefühl und Verstand (vgl. V. 18–20)

Die **bürgerlichen Wertvorstellungen** wie der Wert der Arbeit oder der Familie, die in dem *Lied von der Glocke* zum Ausdruck kommen, sind auch heute noch für viele Menschen prägend. In der Zeit des Vormärz konnte man verfolgen, dass diese Werte den Rückzug ins Private und die Ablehnung gesellschaftlichen Engagements fördern können. Die Epoche des Biedermeier lässt sich geradezu als Verwirklichung der Postulate des Gedichtes ansehen, nachdem der Wiener Kongress nach 1815 erfolgreich die politische Restauration betrieben hatte. Die Veränderung gesellschaftlicher Verhältnisse durch das Volk wird dagegen in dem *Lied von der Glocke* ausdrücklich abgelehnt; das Ideal der Weimarer Klassik – die „schöne Seele", der humane, sittlich reife,

„schöne Seele" oder Spießbürger?

ganzheitlich gebildete Mensch – sieht plötzlich dem „Untertanen" (Heinrich Mann) und konservativen Spieß-Bürger, der die herrschenden Verhältnisse nicht kritisiert, sondern unbefragt gutheißt, zum Verwechseln ähnlich. Während bereits die Romantiker die von Schiller propagierten bürgerlichen Geschlechterrollen verspotteten, haben die Autoren des Vormärz wie Büchner oder Gutzkow – anders als Schiller – die politischen Missstände der Zeit mit ihrer Lyrik offen angeprangert und Veränderung gefordert. Schillers *Lied von der Glocke* ist ein Beleg dafür, dass die Weimarer Klassiker – aus Angst vor einer Veränderung der Verhältnisse – die Ideologie des Bürgertums vertraten und mit ihren Werken eine **politische Friedhofsruhe** rechtfertigen halfen.[50]

Stichworte:

- Glocke als Dingsymbol für die Wechselfälle des menschlichen Lebens
- Lob auf die Werte des Bürgertums
- Wechsel von metrisch übereinstimmenden Meistersprüchen mit Liedstrophen über das bürgerliche Leben
- Katechismus bürgerlicher Wertvorstellungen
- „schöne Seele" oder Untertan und Spießbürger?
- Ablehnung gesellschaftlicher Veränderungen
- Propagierung von bürgerlicher Geschlechterrollen

50 Schillers Ballade hat schon Zeitgenossen wie etwa die Romantiker zu Parodien angeregt. Vgl. dazu Wulf Segebrecht: *Was Schillers Glocke geschlagen hat. Vom Nachklang und Widerhall des meistparodierten Gedichts*. München: Hanser, 2005.

3. Friedrich Hölderlin (1770–1843)

3.1 Kurzbiografie

Friedrich Hölderlin, einer der größten Lyriker der deutschen Literatur, war ein Einzelgänger, sein Werk steht literaturgeschichtlich zwischen Klassik und Romantik. Zu seinen Vorbildern gehörten Klopstock und Schiller. Mit seiner Biografie und seiner Lyrik (klassische Oden, Elegien, Hymnen) sowie seinen Übersetzungen (Sophokles' *Ödipus, Antigone*) war Hölderlin von großer Wirkung auf Romantiker wie Clemens Brentano, Achim und Bettina von Arnim und August Wilhelm Schlegel. In der Spätromantik sah man in Hölderlin das Sinnbild einer Zeit, in der ein Dichter im Wahnsinn Zuflucht suchen musste, um überleben zu können. Hölderlins Werk, insbesondere seine Lyrik, ist bestimmt von dem als schmerzlich empfundenen Widerspruch zwischen Ideal und Realität.

Johann Christian Friedrich Hölderlin wurde am 20. März 1770 in Lauffen am Neckar geboren. Nach dem Theologiestudium in Tübingen (1788–1793) wurde Hölderlin auf Vermittlung Schillers zunächst Hofmeister in Weimar (bei Charlotte von Kalb), später Hauslehrer in Frankfurt bei dem Bankier Jakob Friedrich Gontard. Hölderlin verliebte sich in Gontards Ehefrau Susette (1769–1802), in der er eine **Verkörperung der Diotima** seines Romans *Hyperion* (1797–1800) sah. Nach dem Bruch mit der Familie Gontard arbeitete Hölderlin als Hofmeister in Stuttgart, Hauptwil (Schweiz) und Bordeaux. 1802, nach einer strapaziösen Wanderung von Frankreich zurück nach Deutschland, zeigten sich erste Anzeichen seiner Gemütskrankheit. Zwischen 1805 und 1806 geriet Hölderlin in einen Hochverratsprozess um seinen Freund und Gönner Isaac von Sinclair (1775–1815). Ein ärztliches Attest bescheinigte ihm einen **unheilbar zerrütteten**

Gemütszustand, sodass er nicht ausgeliefert wurde. Von 1807 lebte Hölderlin bis zu seinem Tod im Hause eines Tübinger Tischlers, wo er am 7. Juni 1843 starb. In seinen letzten vier Lebensjahrzehnten entstanden in der Abgeschiedenheit seiner Existenz im Tübinger „Hölderlinturm" noch zahlreiche Gedichte.

Werk:
Hölderlins **Affinität zur Klassik** ist stark ausgeprägt, auch wenn er von den Weimarer Klassikern wenig beachtet wurde: Er lebte zeitweise in Jena, war mit Schiller befreundet und genoss seine Unterstützung. In Hölderlins Texten stößt man ständig auf Spuren seiner **Antiken-Rezeption**, sowohl in formaler als auch inhaltlicher Hinsicht; eines der Vorbilder für den lyrisch-hymnischen Tonfall seiner Lyrik waren die **Oden Pindars** (518–438 v. Chr.). Es ist daher richtig, wenn Mommsen auf die tragische Problematik verweist:

> *„Kein neuerer Dichter kam je dem Sprachklang griechischer Verse so nah wie Hölderlin. Dennoch wurde er von den deutschen Klassikern nicht anerkannt, sie nahmen ihn nicht einmal wahr."*[51]

zwischen Klassik und Romantik

Die in Hölderlins Lyrik zu findende **Subjektivität** zeigt dagegen seine Nähe zur Romantik. Hölderlins Lyrik wird bestimmt von dem als schmerzlich erfahrenen **Widerspruch zwischen Ideal und Realität**; seine Hymne *Patmos* (1808) beginnt mit den Versen: „Nah ist/und schwer zu fassen der Gott". Das Leiden an der Endlichkeit führte Hölderlin zu der Einsicht, dass sich der Mensch allein durch die Kunst dem Göttlichen nähern kann, wie es in *Andenken* (1802) heißt: „Was bleibet aber, stiften die Dichter".

51 Momme Mommsen in: Segebrecht, S. 151.

Hyperion	1797–1799	Roman
Der Tod des Empedokles	1797–1800 entst.	Drama (Fragment)
Der Archipelagus	1800	Hexameter-Hymnus
Andenken	1802	Hymne
Hälfte des Lebens	1804	Lyrik

3.2 Beispiel: *Die Eichbäume* (1797)

Aus den Gärten komm' ich zu euch, ihr Söhne des Berges!
Aus den Gärten, da lebt die Natur geduldig und häuslich,
Pflegend und wieder gepflegt mit den fleißigen Menschen zusammen.
Aber ihr, ihr Herrlichen! steht, wie ein Volk von Titanen
In der zahmeren Welt und gehört nur euch und dem Himmel,
Der euch nährt' und erzog und der Erde, die euch geboren.
Keiner von euch ist noch in die Schule der Menschen gegangen,
Und ihr drängt euch fröhlich und frei, aus der kräftigen Wurzel,
Untereinander herauf und ergreift, wie der Adler die Beute,
Mit gewaltigem Arme den Raum, und gegen die Wolken
Ist euch heiter und groß die sonnige Krone gerichtet.
Eine Welt ist jeder von euch, wie die Sterne des Himmels
Lebt ihr, jeder ein Gott, in freiem Bunde zusammen.
Könnt' ich die Knechtschaft nur erdulden, ich neidete nimmer
Diesen Wald und schmiegte mich gern ans gesellige Leben.
Fesselte nur nicht mehr ans gesellige Leben das Herz mich,
Das von Liebe nicht lässt, wie gern würd' ich unter euch wohnen!

Das Gedicht erschien zuerst 1797 in der von Schiller herausgegebenen Zeitschrift *Die Horen.* Die 17 im antiken Hexameter verfassten Verse sind allesamt **reimlos** – Hölderlin empfand den Reim als Zwang, dem er sich nicht unterordnen wollte. Mit der Anapher (V. 1 f.) wird gleich in den ersten Versen die Aufbruchsbewegung des lyrischen Ichs ausgedrückt. Die Gärten stehen als Symbol für die Zivilisation und sind mit den Epitheta „geduldig"

(V. 2) und „häuslich" (V. 2) konnotiert. Das Polyptoton „pflegend und wieder gepflegt" (V. 3) charakterisiert mit der aktivischen und der passivischen Form das Verhältnis zwischen Mensch und Natur: Letztere wird vom Menschen gepflegt und gibt ihm dafür ihre Früchte.

Vergleich der Eichen mit den Titanen

Mit einem Ausruf: „Ihr Herrlichen!" (V. 4) spricht das lyrische Ich die Eichen an und stellt mit einem Vergleich den Bezug zu den Titanen her, dem ältesten Göttergeschlecht der griechischen Mythologie. Von V. 5 an werden herausragende Merkmale der Eichen beschrieben: Sie sind nur von sich und dem versorgenden Himmel/Gott und der Erde, die sie geboren hat, abhängig, obgleich sie keinerlei Bildung/Erziehung („Schule der Menschen", V. 7) erfahren haben, wachsen sie doch ausladend himmelwärts.

V. 12 enthält die zentrale Aussage des Gedichtes: Jede Eiche ist völlig **autonom** („eine Welt"; V. 12) und lebt **aus freiem Willen** heraus in einer Gemeinschaft mit seinesgleichen. Die Vergleiche „wie die Sterne des Himmels" (V. 12) und „jeder ein Gott" (V. 13) deuten auf den metaphysischen Bezug der Aussage hin: Es geht um die Personifizierung einer Idee, nämlich der **Idee des völlig autonomen Individuums**, das sich ohne Zwang mit anderen Individuen zusammenfindet.

Die letzten vier Verse sind im Irrealis, im Modus des Wunsches, verfasst: Das lyrische Ich würde sich die beschriebenen Vorzüge der Baum-Existenz nicht ersehnen, wenn es die Gefangenschaft des Lebens in der Gesellschaft ertrüge. Es ist die **Liebe**, die das lyrische Ich an die menschliche Gesellschaft bindet – andernfalls würde es die Existenzweise wählen, die idealtypisch die Eichbäume verkörpern.

Das Gedicht lässt sich der Epoche der Klassik zuordnen, da es **sich formal und inhaltlich an der Antike orientiert**. Mit der Liebe kommt ein zentrales Element des klassischen Sittlichkeitsideals zur Sprache – allerdings ohne dass das klassische Huma-

nitätsideal entfaltet wird. Über diese epochentypische Deutung hinausgehend lässt sich das Gedicht auch auf biografische Ereignisse seines Autors beziehen: Hölderlin löste sich 1795 durch seine Flucht aus Jena aus der von ihm als Lehrer-Schüler-Verhältnis empfundenen Beziehung zu Schiller.
Hölderlin hatte wohl Angst, dass die gut gemeinten Lehren Schillers ihn zu sehr daran hinderten, seinen eigenen Stil zu entwickeln. Stattdessen sah er ihr Verhältnis als das zweier gleichberechtigter Dichter. Er gestaltete diese Vorstellung in der Metapher der alleinstehenden Eichen, die jede für sich „ein Gott" (V. 13) ist. In diesem Bild liegt **Hölderlins Selbstverständnis** gegenüber den beiden Dichtern der Weimarer Klassik begründet.

Stichworte:

- reimlose, im antiken Hexameter verfasste Verse
- Vergleich der Eichen mit dem Göttergeschlecht der Titanen
- Eichen repräsentieren Ideal einer Gemeinschaft autonomer, gleichberechtigter Individuen
- Liebe hindert lyrisches Ich daran, wie die Eichen zu leben
- formale und inhaltliche Orientierung an der Antike
- biografischer Hintergrund: Hölderlins Lösung aus der von ihm als Lehrer-Schüler-Verhältnis empfundenen Beziehung mit Schiller

3.3 Beispiel: *Hälfte des Lebens* (entst. 1799)

Mit gelben Birnen hänget
Und voll mit wilden Rosen
Das Land in den See,
Ihr holden Schwäne,
Und trunken von Küssen
Tunkt ihr das Haupt
Ins heilignüchterne Wasser.

Weh mir, wo nehm ich, wenn
Es Winter ist, die Blumen, und wo
Den Sonnenschein,
Und Schatten der Erde?
Die Mauern stehn
Sprachlos und kalt, im Winde
Klirren die Fahnen.

Bereits 1799 verfasste Hölderlin einen ersten Entwurf dieses berühmt gewordenen Gedichts; zuerst erschien es im *Taschenbuch für das Jahr 1805. Der Liebe und Freundschaft gewidmet*. Das Gedicht setzt sich, wie es der Titel *Hälfte des Lebens* schon ankündigt, mit der Vergänglichkeit menschlichen Lebens auseinander: Die beiden siebenversigen Strophen drücken **ambivalente Stimmungen** des lyrischen Ichs aus:

- Strophe 1: Das lyrische Ich beschreibt eine Seelandschaft im Spätsommer. Reife Birnen und Rosen spiegeln sich im Wasser, Schwäne tauchen ihren Kopf hinein. Das Bild spiegelt Lebenskraft und Fruchtbarkeit wider.
- Strophe 2: Die zweite Strophe beginnt mit einem Ausruf des Schmerzes. Das lyrische Ich fragt sich, woher es Sonnenschein und Blumen nehmen soll, sobald es Winter geworden ist. Das beschriebene Bild ist voller Kälte, die Mauern und die klirrenden Fahnen drücken Lebensfeindlichkeit aus.

Es lassen sich die folgenden **sprachlichen und formalen Mittel** feststellen:
Die poetischen Gestaltungsmittel unterstützen in der ersten Strophe den Eindruck der Lebensbejahung: Fruchtbarkeit („gelbe Birnen", V. 1), Fülle (vgl. V. 2), Verehrung des Lebendigen („holde Schwäne", V. 4) sind ihre Bestandteile. Das Enjambement in den Versen 1–3 ahmt das Hineinreichen des Landes in den See nach. Die Inversion, die die Syntax des ersten Satzes bestimmt, hebt die Fülle hervor. In diesem Sinne wirkt auch die Assonanz („mit" und „Birnen", V. 1; „wilden", V. 2; „voll" und „Rosen", V. 2), die das verbindende Element im darauf folgenden zweiten Satz ist: „und", „trunken" und „Küssen" (V. 5) sowie „tunkt" (V. 6) zusammen mit „heilignüchterne" (V. 7) lenken die Aufmerksamkeit auf die Handlung der Schwäne, deren Eintauchen in das Wasser auf das lyrische Ich den Eindruck des Küssens erweckt. Das Wasser wird mit dem paradoxen Neologismus „heilignüchtern" (V. 7) charakterisiert. Damit wird es zum Symbol für die das Gedicht bestimmende Polarität.
In der zweiten Strophe verbinden W-Alliterationen die Emotionen, die das lyrische Ich im Winter überkommen. Das Herannahen des Winters wie auch das Scheinen der Sonne werden mit einem Zeilensprung als dynamische Prozesse dargestellt. Die Isolation des Individuums wird in den Mauern metaphorisch anschaulich, die ohne Artikulationsmöglichkeit, somit ohne die Fähigkeit, Gemeinschaft zu vermitteln, sind. Das Ende dynamischer Lebensprozesse wird schließlich in der Metapher der „klirrenden Fahnen" (vgl. V. 14) veranschaulicht.
Der Rhythmus wird bestimmt durch eine unregelmäßige metrische Gestaltung, Inversionen und Alliterationen sowie durch Enjambements, die Zusammengehörendes binden. Die poetische Wortwahl und der trotz des Verzichtes auf ein Metrum fast hymnisch zu nennende Ton des Gedichtes weisen auf die Bedeutung der Aussage hin: Hölderlin fasst in den Bildern der beiden Strophen die Situation des menschlichen Lebens, das sich in der

zeitlichen Mitte zwischen Geburt und Tod befindet, zusammen. Während sich der Mensch in der Blüte seiner Jahre befindet, denkt er an die kommende Zeit seines Alters und Todes. Das Wissen darum, dass diese Blüte im Alter unwiederbringlich vorbei sein wird, dass es später **keinen Trost mehr** geben wird, lässt jede Freude an der noch vitalen Gegenwart unmöglich werden.

Memento-mori-Appell

Das Gedicht *Hälfte des Lebens* thematisiert die Eigentümlichkeit menschlichen Lebens, die den Menschen von allen anderen Lebewesen unterscheidet: Er allein ist sich seiner Vergänglichkeit bewusst. Damit greift Hölderlin den in der Barocklyrik beliebten Memento-mori-Appell auf, ohne jedoch die für die Barockzeit typische Antwort, nämlich die Orientierung an unvergänglichen (religiösen) Werten, zu geben. Insofern ist das Gedicht bereits als modern zu charakterisieren: Es entlässt den Leser **ohne Trost**: Eine Antwort auf die Frage, woher im Alter „Blumen und (…) Sonnenschein" (V. 9 f.) zu nehmen sind, wird nicht gegeben. Das Individuum bleibt mit dieser Frage auf sich selbst verwiesen.

Eine andere Deutung erfährt das Gedicht, wenn „Schwan" und „Blume" in ihrer metaphorischen Bedeutung aufgefasst werden: Der **Schwan** ist bereits in der Antike das Symbol der Reinheit und des Lichtes, er steht auch als Sinnbild für den Dichter.[52] Mit der Trunkenheit der Schwäne und dem „heilignüchternen Wasser" greift Hölderlin die antike Vorstellung von einer *sobria ebrietas,* einer **„nüchternen Trunkenheit"** auf, einer Vereinigung von rauschhafter Begeisterung und Besonnenheit, aus der allein heraus große Dichtung gelingt. Die **Blume** kann als Metapher für die dichterische Rede im Allgemeinen genommen werden (bei Novalis wird die „blaue Blume" zum Symbol der romantischen Sehnsucht). Vor diesem Hintergrund wird das Gedicht insbesondere in der zweiten Strophe zum Ausdruck des Versa-

52 Vgl. Lurker, S. 657, sowie den Aufsatz von Jochen Schmidt in: Segebrecht, S. 262.

gens dichterischer Sprache angesichts der Kälte der Welt. Somit thematisiert es die Spannung von Möglichkeit und Unmöglichkeit von klassischer Dichtung überhaupt.

Stichworte:

- Vergänglichkeit als Thema
- in der Blüte des Lebens Gedanke an Alter und Tod
- unregelmäßige metrische Gestaltung, Inversionen und Alliterationen sowie Enjambements, die Zusammengehörendes binden
- lässt Leser ohne Trost zurück
- setzt barocken Memento-mori-Appell ohne religiöse Gewissheiten fort
- Deutungsalternative: Versagen dichterischer Sprache angesichts der Kälte der Welt

Glossar

Akzent
(lat. „Zugesang")
Hervorhebung durch besondere Betonung (Erhöhung der Tonstärke); **Versakzent** wird durch die Anzahl der → Hebungen und → Senkungen in einem Vers bestimmt, die Hebungen ermittelt man durch die natürliche Betonung eines Wortes. **Wortakzent** richtet sich nach der Stammsilbe (z. B.: „geben"). Der **Satzakzent** wird bestimmt durch die Aussageabsicht. Das, was besonders betont werden soll, steht am Anfang oder am Ende des Satzes.

Akkumulation
(lat. „Anhäufung")
Anhäufung von Worten, dadurch größerer Nachdruck auf der Aussage.
Beispiel:
„Wer zählt die Völker, nennt die Namen
Die gastlich hier zusammenkamen?
Von Theseus' Stadt, von Aulis Strand,
Von Phokis, vom Spartanerland,
Von Asiens entlegner Küste,
Von allen Inseln kamen sie"
(Schiller, *Die Kraniche des Ibykus*)

Alkäische Strophe
Vierzeilige, aus zwei elfsilbigen Versen, einem neun- und einem zehnsilbigen Vers bestehende antike Odenstrophe, benannt nach dem griechischen Dichter Alkaios; die alkäische Strophe besteht aus Jamben, Trochäen und Daktylen, die folgendermaßen angeordnet sind:

◡–◡–◡–◡◡–◡–
◡–◡–◡–◡◡–◡–
◡–◡–◡–◡–◡
–◡◡–◡◡–◡–◡

Beispiel:
„Willkommen dann, o Stille der Schattenwelt!
Zufrieden bin ich, wenn auch mein Saitenspiel
Mich nicht hinabgeleitet; *einmal*
Lebt' ich wie Götter, und mehr bedarf's nicht."
(Hölderlin, *An die Parzen*)

Alliteration
(aus lat. „hinzu" + „Buchstabe")
Gleicher Anlaut der Konsonanten der Stammsilbe (Stabreim), vgl. → Assonanz.
Beispiel: „**w**iegende **W**elle"

Alternation
(lat. „abwechseln")
Regelmäßiger Wechsel von einsilbiger → Hebung und einsilbiger → Senkung.
Beispiel: „Fest gemauert in der Erden
Steht die Form aus Lehm gebrannt"
(Schiller, *Das Lied von der Glocke*)

Anapäst
(aus griech. „Zurückschlagen")
Dreisilbiger → Versfuß, der aus zwei kurzen (unbetonten) Silben und einer langen (betonten) Silbe besteht.
Beispiel: „Anapäst"
◡◡–

Anapher
(griech. Beziehung)
Wiederholung desselben Wortes oder derselben Wortgruppe am Anfang von aufeinander folgenden Sätzen oder Satzgliedern. Gegensatz: Epipher.

Beispiel:
„**Ist sie** dann gleichwol was/wem ist jhr Thun bewust?/
Ist sie auch gut vnd rech/wie bringt sie böse Lust?"
(Martin Opitz, *Francisci Petrarchae*)

Anrede
Formulierung, die sich an Leser wendet.

Anspielung
Halb versteckte Andeutung.

Asklepiadische Strophe
Antike vierzeilige Strophenform, benannt nach dem Dichter Asklepiades, mit der folgenden Struktur:
–◡–◡◡– –◡◡–◡–
–◡–◡◡– –◡◡–◡–
–◡–◡◡–◡
–◡–◡◡–◡–
Beispiel:
„Schön ist, Mutter Natur, deiner Erfindung Pracht
Auf die Fluren verstreut, schöner ein froh Gesicht,
Das den großen Gedanken
Deiner Schöpfung noch *einmal* denkt"
(Klopstock, *Der Zürchersee*)

Assonanz
(gr. „gleich tönend")
Halbreim durch Gleichklang der Vokale.
Beispiel: „wieder", „nieder" (V. 5),
(Goethe, *Gesang der Geister über den Wassern*)

Asyndeton
(griech. „unverbunden")
Reihung von Sätzen oder Satzgliedern ohne Konjunktion.

Beispiel: „Itzt Blumen morgen Kot/wir sind ein Wind/ein Schaum/
Ein Nebel/eine Bach/ein Reiff/ein Tau' ein Schaten."
(Gryphius, *Thränen in schwerer Krankheit*)

Auftakt
Unbetonte, der ersten Hebung vorangehende Silbe(n) am Versanfang.
Beispiel:
„Und so zu des Lagers vergnüglicher Feier
Bereiten den dunkeln behaglichen Schleier
Die nächtlichen Stunden, das schöne Gespinst"
(Goethe, *Der Gott und die Bajadere*)

Aufzählungen
(→ Trias)
Häufung von Begriffen oder Ausdrücken.
Beispiel: s. Beispiel → Asyndeton

Ausruf
Ausrufungssatz.
Beispiel: „Der edle Mensch/Sei hilfreich und gut!"
(Goethe, *Das Göttliche*)

Ballade
(ital. „Tanzlied")
Ursprünglich ein zum Tanzen gesungenes Lied, heute versteht man darunter eine knapp skizzierende Erzählung in Strophenform, die ein geheimnisvolles, außergewöhnliches Ereignis mit meist tragischem Ende aus der Geschichte, der Sage, der Legende oder aus dem zeitgenössischen Geschehen thematisiert. Die Spannung wird am Schluss, in der Pointe, aufgelöst. Man unterscheidet Volksballaden, die als einfache Erzählungen mündlich tradiert wurden, und Kunstballaden, die von einem Dichter gestaltet werden und meist einen kunstvollen Aufbau besitzen.

Beispiel:
Friedrich Schiller, *Der Ring des Poykrates,* Johann Wolfgang von Goethe, *Der Erlkönig.*

Binnenreim
→ Reimformen

Bild
Sprachliche Form des anschaulichen, aber uneigentlichen Sprechens, d. h., der sprachliche Ausdruck meint nicht das Bild, sondern etwas anderes.
Beispiel: „Hektor ist stark wie ein Löwe."
Das sprachliche Bild kann verschiedene Formen haben, z. B. → Metapher, → Personifizierung, → Symbol, → Synekdoche, → Vergleich.

Blankvers
reimloser, fünfhebiger → Jambus
Beispiel:
„Es eifre jeder seiner unbestochnen,/Von Vorurteilen freien Liebe nach!"
(Lessing, *Nathan*)

Daktylus
(griech. „Finger")
Dreisilbiger → Versfuß (Metrum), der aus einer langen (betonten) Silbe und zwei kurzen (unbetonten) Silben besteht.
Beispiel: „Daktylus"
–◡◡

Dingsymbol
(griech. „Kennzeichen", „Merkmal")
Gegenstand mit übertragener Bedeutung und Leitmotivcharakter (→ Symbol).
Beispiel: die Glocke in Schillers *Das Lied von der Glocke*

Distichon (Plural: Distichen)
(griech. „Doppelvers")
Antike Strophenform, die aus einem → Hexameter und einem → Pentameter besteht:
Beispiel:
„Im Hexameter steigt des Springquells flüssige Säule,
Im Pentameter drauf fällt sie melodisch herab"
(Schiller, *Das Distichon*)

Elegie
(vielleicht von griech. „Flöte")
Ursprünglich Bezeichnung für ein in → Distichen abgefasstes Gedicht; später als Bezeichnung für Klagegedicht.
Beispiel: Goethe, *Römische Elegien*

Endreim
Gleichklang einer oder mehrerer Silben von der letzten Hebung an.
Beispiel:
„Aug', mein Aug', was sinkst du nieder?
Goldne Träume, kommt ihr wieder?"
(Goethe, *Auf dem See*)

Enjambement
(frz. Überschreitung)
Zeilensprung, Vers- und Satzende stimmen nicht überein, dadurch besondere Hervorhebung des Inhalts, Zeichen von Zusammenordnung /Zusammengehörigkeit, Steigerung der Dynamik.
Beispiel:
„Mit gelben Birnen hänget
Und voll mit wilden Rosen
Das Land in den See"
(Hölderlin, *Hälfte des Lebens*)

Epigramm
(griech. „Aufschrift")
Sinngedicht, meist als Zweizeiler, das einen Gedanken treffend formuliert (Kurzform der → Gedankenlyrik).
Beispiel:
„Spruch, Widerspruch: Ihr müsst mich nicht durch Widerspruch verwirren!/Sobald man spricht, beginnt man schon zu irren."
(Goethe, *Epigrammatisch*)

Epitheton (E. ornans)
(griech. „Beiwort")
Als Attribut gebrauchtes Adjektiv oder Partizip.
Beispiel:
„das *große* Haus"

Erlebnislyrik
Überholter Begriff für ein Gedicht, in dem ein lyrisches Ich Stimmungen und Gefühle ausdrückt; diese Stimmungen beeinflussen die äußere Wahrnehmung.
Beispiel: Eichendorff, *Mondnacht*

Erzählgedicht
→ Ballade

Farbsymbol
(Farbe + griech. „Kennzeichen", „Merkmal")
Konkrete Zeichen, in diesem Falle Farben, die auf abstrakte Inhalte hindeuten. Beispiele für Farbsymbole und ihre gängigen Bedeutungen:
- **braun**: Farbe des Bodens, mütterliche Farbe, im Mittelalter Symbol der Demut; auch Farbe der Nationalsozialisten
- **blau**: Farbe der Unendlichkeit, Sehnsucht, Treue und Verlässlichkeit, auch Farbe der Trauer und des Bösen

- **gelb**: Fruchtbarkeit, Sinnlichkeit, auch negativ als Farbe der Ausgestoßenen, Farbe des Neides
- **grün**: Farbe der Hoffnung, des aufbrechenden Lebens, der Liebe, auch negativ als Farbe des Todes
- **weiß**: Farbe der Reinheit, der Unschuld, auch als Farbe der Trauer
- **rot**: Farbe des Lebens, der Liebe, auch für Kampf, Gefahr, Blut; in der Bibel auch für Sünde
- **violett**: Treue, auch Buße
- **schwarz**: Farbe des Unglücks, der Trauer, des Bösen

Freie Rhythmen
Gedicht, bei dem feste metrische Formen, Reime, gleiche Vers- oder Strophenlänge aufgegeben werden, rhythmisch zumeist stark gegliedert (Unterschied zur Alltagssprache des → Prosavers).
Beispiel: Goethe, *Gesang der Geister über den Wassern*

Freie Verse
Gedicht, das wie → freie Rhythmen unterschiedliche Verslängen aufweist; jedoch mit Reim und metrischem Schema.
Beispiel:
„Als mich mein Traum verschlug,
Fand ich mich wandern im schönsten Nachmittag
Den Hügel nieder, der schwebte und mit Flügeln schlug.
Zu meinen Füßen lag
Das Land in goldenem Staat,
Das Land in Schwaden rauschend der gereiften Saat."
(Werfel, *Der Ritt*)

Gattung
Bezeichnung für die „Naturformen der Poesie" (Goethe), Lyrik, Drama, Epik, die sich auch gegenseitig durchdringen können; der Begriff „Gattung" wurde in neuerer Zeit durch „Textsorte" ersetzt.

Gedankenlyrik
Gedicht, in dem philosophische oder theologische Gedanken gestaltet werden.
Beispiel: Goethe *Das Göttliche*

Gleichnis
Erweiterter Vergleich, bei dem ein *„tertium comparationis"* – ein Vergleichspunkt – die Verbindung zwischen Bild- und Sachhälfte herstellt.
Beispiel: Goethe, *Gesang der Geister über den Wassern*

Hebung
Bezeichnung für die betonte Silbe im Vers, Kennzeichnung z. B. mit „–" oder mit „´". Gegensatz: → Senkung.

Hexameter
(gr. „sechs" und „Maß")
Antiker Vers, der aus sechs Versfüßen besteht und meist mit Daktylen gefüllt ist.
Beispiel:
„Sing, unsterbliche Seele, der sündigen Menschen Erlösung,
Die der Messias auf Erden in seiner Menschheit vollendet"
(Klopstock, *Messias*)

Humor
(lat. „Körpersaft")
Haltung, die auch noch in widrigen Lebensumständen versöhnlich gestimmt ist und das Liebenswerte in der Unzulänglichkeit zu erkennen sucht; Gegensatz zum versöhnlichen Humor ist der *schwarze Humor* mit zynisch-pessimistischer Konfrontation.

Hymne
(gr. „Festgesang")
Loblied auf Helden oder mit religiösem Inhalt, festlicher Grundton, nicht auf ein bestimmtes metrisches Schema festgelegt.
Beispiel: Goethe, *Ganymed*

Hypotaxe
(griech. „Unterordnung")
Fügung aus Haupt- und Nebensatz
Beispiel: „Wenn ich, von deinem Anschaun tief gestillt,
mich stumm an deinem heil'gen Wert vergnüge,
dann hör' ich recht die leisen Atemzüge
des Engels, welcher sich in dir verhüllt"
(Mörike, *An die Geliebte*)

Idylle
(griech. Bildchen)
Eine dichterisch-harmonische, das Volks- und Landleben idealisierende Darstellung in Vers oder Prosa.

Inversion
(lat. „Umstellung")
Umkehr der gewöhnlichen Wortfolge, meist Subjekt nach Prädikat, Herausstellung bedeutungstragender Wörter, Erhöhung der Eindringlichkeit.
Beispiel:
„Mit gelben Birnen hänget/Und voll mit wilden Rosen/Das Land in den See"
(Hölderlin, *Hälfte des Lebens*)

Ironie
(griech. „Verstellung", „Vorwand")
Unwahre Behauptung, die das Gegenteil von dem meint, was sie ausdrückt. Distanzierung des Autors.
Beispiel: „Das ist aber ein schönes Wetter" (bei Regen).

Jambus
(griech. „schleudern")
Zweisilbiger → Versfuß, der aus einer kurzen (unbetonten) und einer langen (betonten) Silbe besteht.

Beispiel:
„Und frische Nahrung, neues Blut/Saug' ich aus freier Welt"
(Goethe, *Auf dem See*)

Kadenz
(zu lat. „fallen")
Form des Versendes, einsilbig (stumpfe oder männliche Kadenz) oder zweisilbig (klingende oder weibliche Kadenz).
Beispiel:
– männliche Kadenz:
Beispiel:
„Und frische Nahrung, neues Blut
Saug' ich aus freier Welt;
Wie ist Natur so hold und gut,
Die mich am Busen hält!"
(Goethe, *Auf dem See*)
– weibliche Kadenz:
Beispiel:
„Aug', mein Aug', was sinkst du nieder?
Goldne Träume, kommt ihr wieder?"
(Goethe, *Auf dem See*)

Kehrreim
→ Refrain

Konnotation
Mit einem Wort zusätzlich verbundene Vorstellung, Assoziation.
Beispiel:
„Mond" enthält die zusätzliche Vorstellung „Nacht".

Kreuzreim
→ Reimformen

Kunstballade
→ Ballade

Lautmalerei
Nachahmung von Lauten mit Hilfe der zur Verfügung stehenden Wörter oder metrischer Formen.
Beispiel: Goethe, *Auf dem See*

Lehrhafte Dichtung
Gedicht, meist aus dem Bereich der → Gedankenlyrik, mit einem lehrhaften, moralischen, aufklärenden Inhalt.
Beispiel: Goethe, *Urworte Orphisch*

Leitmotiv
Gegenstand, Situation oder Formulierung, die durch Wiederholung der Charakterisierung bzw. als Strukturhilfe dienen.
Beispiel: die Glocke in Schillers *Das Lied von der Glocke*

Lied
Sangbare oder tatsächlich zu einer Melodie gesungene, strophisch gegliederte und gleichmäßig aufgebaute lyrische Kurzform, besonders in der Romantik beliebt, vgl. Vertonungen von Schubert; Bezeichnung steht auch für einfache Gedichte mit besonderer Betonung des Rhythmus.
Beispiel: Goethe, *Mailied*

Lyrisches Ich
Bezeichnung für den Sprecher im Gedicht (entspricht dem Erzähler in epischen Texten), darf nicht mit dem Dichter verwechselt werden, auch wenn es ihm in Stimmungen und Gedanken sehr nahe kommen mag.

Metapher
(griech. „Übertragung")

Bildhafter Ausdruck, bildhafte Unterstützung der Aussage, Verstärkung der Suggestion im Dienste von Aufwertung oder Abwertung.
Beispiel:
„Mag frei Natur im Herzen wieder glühen"
(Goethe, *Natur und Kunst*

Metonymie
(aus griech. „einen anderen Namen bekommen")
Umbenennung, indem verwandte Begriffe vertauscht werden
Beispiel: „Sie liest Kafka."

Metrum
(griech. „Maß")
1. Bezeichnung für kleinste Einheit im Vers (= Versfuß), mehrere Metren bilden das Versmaß.
2. Bezeichnung für Versmaß, das sich nach Betonung und Dauer bestimmt und den Takt (Versfuß) als kleinste rhythmische Einheit hat.
Aufgrund der natürlichen Sinnbetonung unterscheidet man die Versfüße→ Jambus, → Trochäus, → Daktylus

Motiv
(lat. „bewegen")
Beweggrund von Handlung; in der Dichtung auch als abstraktes thematisches Grundschema.
Beispiel: Motiv des Liebestodes in Goethes *Der Gott und die Bajadere* und *Die Braut von Korinth*

Naturlyrik
Bezeichnung für Gedichte mit Beschreibungen von Naturerscheinungen. Oft mit Liebeserlebnissen gekoppelt.
Beispiel: Goethe, *Mailied*

Neologismus
(aus griech. „neu“ + „Wort“)
Wortneuschöpfung.
Beispiel: „heilignüchtern“
(Hölderlin, *Hälfte des Lebens*)

Ode
(griech. *Gesang, Lied*)
Feierliches, meist reimloses Gedicht mit festgelegter Strophenform, das von Erhabenheit und Würde geprägt ist.
Beispiel: Hölderlin, *Dichterberuf*

Orphisch, Orphik
(griech. Lehre des Orpheus), philosophisch-religiöse Bewegung im alten Griechenland, die auf die heiligen Schriften, so genannte orphische Dichtung, zurückging, die angeblich von dem legendären Dichter und Musiker Orpheus stammten.

Oxymoron
(aus griech. „scharf“ + „dumm“)
Verbindung einander widersprechender Begriffe.
Beispiel: „kalte Hitze“

Paarreim
→ Reimformen

Paradoxon
(griech. „gegen“ + „Meinung, Lehre“)
Scheinwiderspruch, der bei genauerer Betrachtung auf eine höhere Wahrheit verweist.
Beispiel:
„Und das Gesetz nur kann uns Freiheit geben“
(Goethe, *Natur und Kunst*)

Parallelismen
(griech. „gleichlaufend")
Wiederholung von gleichen syntaktischen Fügungen.
Beispiel:
„Vom Himmel kommt es, Zum Himmel steigt es"
Goethe, *Gesang der Geister über den Wassern*)

Parodie
(griech. „Gegengesang")
Form eines bekannten Gedichtes (oder eines anderen literarischen Werkes) wird übernommen und mit einem neuen, meist nicht zum ursprünglichen Gehalt passenden Inhalt versehen (Gegenteil ist die Travestie, bei der der ursprüngliche Inhalt in eine veränderte Form eingepasst wird.).
Beispiel:
„Er stand auf seines Daches Zinnen,
Und schaute mit vergnügten Sinnen
Auf zwei belegte Brote hin.
'Dies alles ist mir viel zu wenig',
Begann er zu Ägyptens König,
'Gestehe, dass ich hungrig bin.'"
(Parodie auf Schiller, *Ring des Polykrates*)

Pars pro Toto
(lat. „Das Teil für das Ganze")
Ein Teil steht für das Ganze. Eng gefasster Begriff für → Synekdoche.

Pentameter
(griech. „fünf" und „Maß")
Antikes Versmaß, das, anders als der Name vermuten lässt, aus sechs Hebungen besteht (dritter und sechster Daktylus ohne Senkung), daher als verkürzter Hexameter zu betrachten.
–◡–◡◡– //–◡◡–◡◡–

Beispiel: „Im Pentameter drauf fällt sie melodisch herab."
(Schiller, *Das Distichon*)

Periphrase
(aus griech. „ringsum einschließen")
Umschreibung eines Begriffs
Beispiel:
„Hier ist Ceres', hier ist Bacchus' Gabe,/Und du bringst den Amor, liebes Kind!" als Einladung zum Liebesmahl
(aus Goethe, *Die Braut von Korinth*)

Personifizierung
(aus griech. „Person" + „machen")
Vermenschlichung.
Beispiel: „Das Leben hat zum Ritter ihn geschlagen"
(Eichendorff, *Ihm ist's verliehn*)

Poesie
(griech. „machen")
Allgemeine Bezeichnung für Dichtung; als Bezeichnung für Versdichtung steht sie im Gegensatz zur → Prosa

Pointe
(frz. „Spitze", „Schärfe")
Überraschende und effektvolle Wendung durch einen geistreichen Schlussgedanken; oft auf Lacheffekt angelegt.

Polyptoton
Wiederholung desselben Wortes in einem Satz in verschiedenen Kasus.
Beispiel:
„Aus den Gärten, da lebt die Natur geduldig und häuslich,
Pflegend und wieder gepflegt mit den fleißigen Menschen zusammen."
(Hölderlin, *Die Eichbäume*)

Refrain
(provenz. „regelmäßiges Sichbrechen der Wellen an Klippen")
Wörtliche oder leicht veränderte Wiederholung eines Textteils in einem Gedicht oder einem Lied.
Beispiel: „Röslein, Röslein Röslein rot,
Röslein auf der Heiden."
(Goethe, *Heidenröslein*)

Reim
Gleichklang zweier oder mehrerer Wörter vom letzten betonten Vokal an.
Beispiel:
„Die Mitternacht zog näher schon;
In stummer Ruh lag Babylon."
(Heine, *Belsazar*)

Reimformen

Binnenreim: Reimwörter innerhalb einer Verszeile
Beispiel:
„Vom Himmel kommt es,
Zum Himmel steigt es,
Und **wieder nieder**
Zur Erde muss es
Ewig wechselnd."
(Johann Wolfgang von Goethe, *Gesang der Geister über den Wassern*)

Kreuzreim: abab
Beispiel:
„Ich vant âne huote
die vil minneclîchen eine stân.
sâ dô sprach diu guote,
‚waz welt ir sô eine her gegân?'"
(Albrecht von Johansdorf, *Ich vant âne huote*)

Paarreim: aabb
Beispiel:
„Nur oben in des Königs Schloss,
Da flackert's, da lärmt des Königs Tross."
Dort oben in dem Königssaal,
Belsazar hielt sein Königsmahl."
(Heinrich Heine, *Belsazar*)

Reiner Reim
Reimsilben zweier oder mehrerer Verse sind vom letzten betonten Vokal an vollkommen identisch.
Beispiel:
„verw**esen**", „erl**esen**"

Schweifreim: aabccb
Beispiel:
„Als mitten in dem Feld mich / HErr / der Todt ergriff /
Der hinter mir in Sturm / vor mir in Flammen lieff /
Vor mir die Bahn verfällt / und über mir die Hütten
In leichte Splitter stieß. Doch lebt ich / HErr / durch dich /
Mir selber war ich todt / dein Engel wacht um mich /
Stets neu gebohren wird / den GOtt wil stets begütten."
(Andreas Gryphius, *Auf das grausame Ungewitter*)

Umschließender/umarmender Reim: abba
Beispiel:
„Sooft der Mond mag scheinen,
Gedenk' ich dein allein,
Mein Herz ist klar und rein,
Gott wolle uns vereinen!"
(Clemens Brentano, *Der Spinnerin Lied*)

Unreiner Reim
Reimsilben zweier Verse sind ähnlich, aber nicht identisch.
Beispiel: „spannte" / „Lande"

Rhythmus
(zu griech. „fließen“)
Harmonische Sprachbewegung, die aus dem Metrum und der dem natürlichen Sinn folgenden Betonung resultiert.

Rollengedicht
Lyrisches Ich spricht aus einer bestimmten Rolle heraus, die meist durch den Titel definiert wird.
Beispiel: Goethe, *Auf dem See*, Bürger, *Der Bauer*

Schweifreim
→ Reimformen

Senkung
Unbetonte Silbe im Gegensatz zur betonten Silbe (→ Hebung). Kennzeichnung z. B. mit „◡“.

Sinnbild
Deutsches Wort für → Symbol.

Sinngedicht
Deutsches Wort für → Epigramm.

Sonett
(zu ital. „Ton“, „Klang“)
Streng aufgebaute Gedichtform, bestehend aus zwei Quartetten und zwei Terzetten, inhaltlich wird oft subjektiv Erlebtes gedanklich objektiviert.
Beispiel: Goethe *Natur und Kunst*

Stabreim
→ Alliteration

Stanze
(ital. „Zimmer")
Strophenform aus fünfhebigen jambischen Achtzeilern mit abwechselnd männlicher und weiblicher Kadenz und festgelegtem Reimschema: ab ab ab cc.
Beispiel:
„Ihr naht euch wieder, schwankende Gestalten,
Die früh sich einst dem trüben Blick gezeigt.
Versuch' ich wohl, euch diesmal festzuhalten?
Fühl' ich mein Herz noch jenem Wahn geneigt?
Ihr drängt euch zu! nun gut, so mögt ihr walten,
Wie ihr aus Dunst und Nebel um mich steigt;
Mein Busen fühlt sich jugendlich erschüttert
Vom Zauberhauch, der euren Zug umwittert."
(Goethe, *Faust I*, *Zueignung*)

Stil
(lat. „Griffel")
Besondere Eigenart einer künstlerischen Darstellung.

Stimmungslyrik
→ Erlebnislyrik

Strophe
(griech. „Wendung")
Verbindung mehrerer Verse zu einer Sinneinheit als (auch optisches) Gliederungselement eines Gedichtes.

Symbol
(griech. „Kennzeichen", „Merkmal")
Konkretes Zeichen, das auf abstrakten Inhalt hindeutet, das Bild vertritt die gemeinte Sache. Vgl. → Farbsymbol.
Beispiel: Herz als Symbol für Liebe

Synekdoche
(griech. „andeutend“, „Mitverstehen“)
Engerer Begriff steht für weiteren Begriff, ein Teil steht für das Ganze (→ pars pro toto).
Beispiel: „der Mensch“ für „die Menschheit“

Takt
→ Metrum

Trias
(griech./lat. „Dreiheit“)
Drei-Wort-Häufung
Beispiel:
„Nie entzückt von ihrer Herrlichkeit,
Nie gewahr des Geistes, der sie lenket,
Sel'ger nie durch meine Seligkeit“
(Schiller, *Die Götter Griechenlands*)

Trochäus
(griech. „laufen“)
Zweisilbiger Versfuß (→ Metrum), der aus einer langen (betonten) und einer kurzen (unbetonten) Silbe besteht.
Beispiel: „Mauer“ (–∪), „Leben“ (–∪)

Umschließender Reim
→ Reimformen

Unreiner Reim
Reimsilben zweier Verse sind ähnlich, aber nicht identisch.
Beispiel: „spannte/Lande“

Vergleich
Verbindung zweier Bereiche mittels eines Vergleichspunkts („*tertium comparationis*“), zumeist mit dem Vergleichswort „wie“, kon-

stitutiv sind Vergleichspartikel.
Beispiel: „Er ist so stark **wie** ein Löwe."

Vers
(lat. „Reihe", „Zeile", „Umwendung")
Gegliederte, poetisch gestaltete Wortfolge (Gegensatz: Prosa).
Beispiel:
„Gemächlich in der Werkstatt saß
Zum Frühstück Meister Nikolas;
Die junge Hausfrau schenkt' ihm ein,
Es war im heitern Sonnenschein. –
Die Sonne bringt es an den Tag."
(Adalbert Chamisso, *Die Sonne bringt es an den Tag*)

Versfuß
→ Metrum

Versmaß
→ Metrum

Volksballade
Mündlich überlieferte → Ballade mit meist einfachem Satz- und Strophenbau.
Beispiel: Goethe, *Es war ein König in Thule*

Volkslied
Gereimtes Lied, das auf unbekannten Verfasser zurückgeht und eine große Popularität besitzt.
Beispiel: Arnim/Brentano, *Des Knaben Wunderhorn*

Volksliedstrophe
Vierzeiler mit Kreuzreim, meist dreihebige Jamben mit abwechselnd männlicher und weiblicher Kadenz; meist allgemeinmenschliche Inhalte wie Schmerz, Abschied, Tanz, Tod.

Beispiel:
„In einem kühlen Grunde
Da geht ein Mühlenrad
Mein Liebste ist verschwunden,
Die dort gewohnet hat."
(Eichendorff, *Das zerbrochene Ringlein*)

Waise

Reimloser Vers innerhalb eines gereimten Versgefüges.
Beispiel: „Die Sonne bringt es an den Tag."
(Chamisso, *Die Sonne bringt es an den Tag*)

Wiederholung

Begriffe oder ganze Sätze werden wortgleich mehrfach verwendet.

Zäsur

(lat. „Einschnitt")
Regelmäßig wiederkehrende Pause innerhalb eines Verses, durch die der Versfuß getrennt wird.
Beispiel:
„Mir ist ich weiß nicht wie / ich seuffze für und für.
Ich weyne Tag und Nacht / ich sitz in tausend Schmertzen"
(Andreas Gryphius, *Thränen in schwerer Krankheit*)

Literaturverzeichnis

Primärtexte

[Die Werke von Johann Wolfgang von Goethe und Friedrich Schiller werden zitiert nach:
HA = Goethe, Johann Wolfgang von: *Werke. Hamburger Ausgabe in 14 Bänden*. Hrsg. von Erich Trunz. München: Deutscher Taschenbuch Verlag, 2000.
SW = Schiller, Friedrich: *Sämtliche Werke in fünf Bänden*. Hrsg. von Peter-André Alt, Albert Meier, Wolfgang Riedel. München: dtv, 2004
HW = Hölderlin, Friedrich: *Werke in zwei Bänden.* Hrsg. von Günther Mieth. Berlin, Weimar: Aufbau, 4., neubearb. Aufl. 1989.

Bürger, Gottfried August: *Die Entführung, oder Ritter Karl von Eichenhorst und Fräulein Gertrude von Hochburg*. In: Ders.: Sämtliche Werke. Hrsg. von Günter und Hiltrud Häntzschel. München, Wien: Hanser, 1987, S. 230–241 (hier: S. 230).
Eckermann, Johann Peter: *Gespräche mit Goethe in den letzten Jahren seines Lebens.* Hrsg. v. Fritz Bergemann. Frankfurt am Main: Insel, 2000.
Eichendorff, Joseph von: *Ihm ist's verliehn*. In: Ders.: Sämtliche Gedichte. Text und Kommentar. Hrsg. v. Hartwig Schultz. Frankfurt am Main: Deutscher Klassiker Verlag, 2006, S. 40.
Goethe, Johann Wolfgang von: *Auf dem See*. In: HA I, S. 102 f.
Goethe, Johann Wolfgang von: *Das Göttliche*. In: HA I, S. 147–149.
Goethe, Johann Wolfgang von: *Dem Ackermann*. In: HA I, S. 204.
Goethe, Johann Wolfgang von: *Der Gott und die Bajadere*. In: HA I, S. 273.

Goethe, Johann Wolfgang von: *Der Zauberlehrling*. In: HA I, S. 276–279.
Goethe, Johann Wolfgang von: *Die Braut von Korinth*. In: HA I, S. 268–273.
Goethe, Johann Wolfgang von: *Die Metamorphose der Pflanzen*. In: HA I, S. 199–201.
Goethe, Johann Wolfgang von: *Einfache Nachahmung der Natur, Manier, Stil*. In: HA XII, S. 30–34.
Goethe, Johann Wolfgang von: *Eins und alles*. In: HA I, S. 368 f.
Goethe, Johann Wolfgang von: *Erlkönig*. In: HA I, S. 154 f.
Goethe, Johann Wolfgang von: *Gesang der Geister über den Wassern*. In: HA I, S. 143.
Goethe, Johann Wolfgang von: *Grenzen der Menschheit*. In: HA I, S. 146 f.
Goethe, Johann Wolfgang von: *Italienische Reise*. In: HA XI.
Goethe, Johann Wolfgang von: *Mignon*. In: HA VII, S. 145.
Goethe, Johann Wolfgang von: *Natur und Kunst*. In: HA I, S. 245.
Goethe, Johann Wolfgang von: *Prometheus*. In: HA I, S. 44–46.
Goethe, Johann Wolfgang von: *Römische Elegien I*. In: HA I, S. 157.
Goethe, Johann Wolfgang von: *Römische Elegien V*. In: HA I, S. 160.
Goethe, Johann Wolfgang von: *Urworte Orphisch*. In: HA I, S. 359 f.
Hölderlin, Friedrich: *Dichterberuf*. In: HW I, S. 149–151.
Hölderlin, Friedrich: *Die Eichbäume*. In: HW I, S. 117 f.
Hölderlin, Friedrich: *Hälfte des Lebens*. In: HW I, S. 252.
Hölderlin, Friedrich: *Patmos*. In: HW I, S. 242–248.
Jean Paul: *Vorschule der Ästhetik*: *§32 Humoristische Totalität*. In: Gabriele Wirsich-Irwin (Hrsg.): Klassik. Stuttgart: Reclam, 2006 (Die deutsche Literatur. Ein Abriss in Text und Darstellung, Bd. 7), S. 108–112.

Kant, Immanuel: *Kritik der praktischen Vernunft / Grundlegung zur Metaphysik der Sitten.* Hrsg. v. Wilhelm Weischedel. Frankfurt am Main: Suhrkamp, 1995 (Bd. VII der 12-bändigen Werkausgabe).

Moritz, Karl Philipp: *Die Signatur des Schönen.* In: Gabriele Wirsich-Irwin (Hrsg.): Klassik. Stuttgart: Reclam, 2006 (Die deutsche Literatur. Ein Abriss in Text und Darstellung, Bd. 7), S. 34–42.

Schiller, Friedrich: *Das Lied von der Glocke.* In: SW I, S. 429–442.

Schiller, Friedrich: *Der Ring des Polykrates.* In: SW I, S. 343–346.

Schiller, Friedrich: *Die Bürgschaft.* In: SW I, S. 352–356.

Schiller, Friedrich: *Die Götter Griechenlands.* In: SW I, S. 169–173.

Schiller, Friedrich: *Die Worte des Glaubens.* In: SW I, S. 214 f.

Schiller, Friedrich: *Die Worte des Wahns.* In: SW I, S. 215 f.

Schiller, Friedrich: *Hoffnung.* In: SW I, S. 217.

Schiller, Friedrich: *Nänie.* In: SW I, S. 242.

Schiller, Friedrich: *Über Anmut und Würde.* In: SW V, S. 433–488.

Schiller, Friedrich: *Über Bürgers Gedichte.* In: SW V, S. 970–985.

Schiller, Friedrich: *Über die ästhetische Erziehung des Menschen in einer Reihe von Briefen.* In: SW V, S. 570–693.

Schiller, Friedrich: *Über naive und sentimentalische Dichtung.* In: SW V, S. 694–789.

Schiller, Friedrich: *Vom Erhabenen.* In: SW V, S. 489–512.

Winckelmann, Johann Joachim: *Gedanken über die Nachahmung der griechischen Werke in der Malerei und Bildhauerkunst.* Hrsg. von Ludwig Uhling. Stuttgart: Reclam, 2007.

Sekundärliteratur

Bernhardt, Rüdiger: *Johann Wolfgang von Goethe – Das lyrische Schaffen.* Holfeld: Bange, 2008 (Königs Erläuterungen Spezial).
Blecken, Gudrun: *Lyrik der Romantik.* Hollfeld: Bange Verlag, 2009 (Königs Erläuterungen Spezial).
Borchmeyer, Dieter: *Weimarer Klassik. Portrait einer Epoche.* Weinheim: Beltz Athenäum, akt. Neuausg. 1998.
Borries, Erika von; Borries, Ernst von: *Deutsche Literaturgeschichte. Bd. 5: Romantik.* München: DTV, 3. Aufl. 2003.
Frühwald, Wolfgang (Hrsg.): *Gedichte der Romantik.* Stuttgart: Reclam, 1984 (Universal-Bibliothek Nr. 8230).
Grant, Michael; Hazel, John: *Lexikon der antiken Mythen und Gestalten.* München: DTV, 18. Aufl. 2004.
Grimm, Gunter E.; Max, Frank Rainer: *Deutsche Dichter. Leben und Werk deutschsprachiger Autoren. Bd. 4: Sturm und Drang, Klassik.* Stuttgart: Reclam, 1997 (Reclams Universal-Bibliothek Nr. 8614).
Grimm, Jacob; Grimm, Wilhelm: *Deutsches Wörterbuch.* Fotomechanischer Nachdruck der Erstausgabe 1885. München: DTV, 1984.
Große, Wilhelm: *Gedichte der Weimarer Klassik. Interpretationen.* München: Oldenbourg, 1999 (Oldenbourg-Interpretationen, Bd. 56).
Lurker, Manfred: *Wörterbuch der Symbolik.* Stuttgart: Kröner, 5., durchges. u. erw. Aufl. 1991.
Luserke-Jaqui, Matthias (Hrsg.): *Schiller Handbuch. Leben – Werk – Wirkung.* Stuttgart: Metzler, 2005.
Meier, Albert: *Klassik – Romantik.* Stuttgart: Reclam, 2008.
Safranski, Rüdiger: *Schiller oder Die Erfindung des Deutschen Idealismus.* München: Hanser, 2004.
Segebrecht, Wulf (Hrsg.): *Klassik und Romantik.* Stuttgart: Reclam, 2007 (Gedichte und Interpretationen, Bd. 3).

Selbmann, Rolf: *Deutsche Klassik*. Paderborn: UTB, 2004 (KulturKompakt).

Stephan, Inge: *Reaktionen auf die Französische Revolution: Klassik – Romantik – Jakobinismus / Weimarer Klassik*. In: Wolfgang Beutin u. a. (Hrsg.): Deutsche Literaturgeschichte. Von den Anfängen bis zur Gegenwart. 7. erw. Aufl. Stuttgart, Weimar: Metzler, 2008, S. 183–197.

Weißert, Gottfried: *Ballade.* Stuttgart: Metzler, 1993 (Sammlung Metzler, Bd. 192).

Wild, Reiner: *Goethes klassische Lyrik*. Stuttgart, Weimar: Metzler, 1999.

Wilpert, Gero von: *Sachwörterbuch der Literatur.* Stuttgart: Kröner, 8., erw. u. verb. Aufl. 2001.

Wirsich-Irwin, Gabriele: *Klassik*. Stuttgart: Reclam, 2006 (Die deutsche Literatur. Ein Abriss in Text und Darstellung, Bd. 7).